我们这样教语文

邹金凤 主编

广东省邹金凤名教师工作室教育文集

中国出版集团　现代出版社

图书在版编目(CIP)数据

我们这样教语文：广东省邹金凤名教师工作室教育
文集 / 邹金凤主编. — 北京：现代出版社，2021.5

ISBN 978-7-5143-9195-4

Ⅰ.①我… Ⅱ.①邹… Ⅲ.①小学语文课—教学研究
—文集 Ⅳ.①G623.202-53

中国版本图书馆CIP数据核字（2021）第087134号

我们这样教语文：广东省邹金凤名教师工作室教育文集

作　　者	邹金凤
责任编辑	窦艳秋
出版发行	现代出版社
地　　址	北京市安定门外安华里504号
邮政编码	100011
电　　话	010-64267325　64245264
网　　址	www.1980xd.com
电子邮箱	xiandai@cnpitc.com.cn
印　　制	北京政采印刷服务有限公司
开　　本	710mm×1000mm　1/16
印　　张	10.25
字　　数	164千
版　　次	2022年4月第1版　2022年4月第1次印刷
书　　号	ISBN 978-7-5143-9195-4
定　　价	45.00元

编委会

目录

上 篇

教学论文及应用

用诵读培养小学生学习文言文的兴趣

罗定市实验小学　邹金凤

自2019年秋季开始，全国所有中小学的语文、历史、道德与法治都被要求统一使用部编版教材。现在，新的部编版语文教材已经全面使用一年了，教师不难发现，此次部编版教材换掉了近40%的课文，新增了很多古诗文、对联、成语、谚语、歇后语、历史文化、蒙学读物、古代名著名篇、传统节日、民歌民谣等内容。比较之前的人教版，小学六个年级古诗文总数增加了55篇，增幅高达80%；总计124篇，占全部课文的30%。初中三个年级古诗文总篇数也提升至124篇，占全部课文的51.7%。另外，部编版语文教材还有一个新的变化，就是文言文的比例大幅提升。就小学阶段而言，以前人教版教材中的文言文只有4篇，从五年级才开始出现，而部编版教材中，文言文达到了14篇，从三年级就开始出现了。文言文的学习是一个积累的过程，小学时期就好像在打地基，地基不牢固，上面的建筑也就不稳定。所以，小学生的文言文学习十分重要，关系到以后的文言文学习质量和高度。

文言文是我国历史文化的瑰宝，是古代文学的结晶，是现代汉语的源头。文言文是在古汉语口语的基础上，经过加工提炼而形成的，它是以简洁典雅为特征的一种书面语体。但是在现代的语言交际中，文言文表达很少走进我们的生活，因而也就根本不会有鲜活的语境，学生对文言文表达的意思难以理解。对于大多数中小学生来说，学习文言文主要是为了应付考试，很难上升到提升审美情趣的高度。同样，大部分语文教师在教学文言文的过程中，只是把教学目标定位在字、词、句的解释和翻译上，讲究字字落实、句句过关，甚至字斟句酌，唯恐有所遗漏。教师的整个教学过程都遵循一种固定的模式，即先解释课题，接着介绍作者所处的时代背景，然后就开始逐词逐句串讲，讲完之后再做所谓的内容分析或者归纳中心思想。这样，一篇文言文就算讲完了。在这种状况下，文言文教学就变成了文言文翻译，学生只是机械地死记硬背，文言文学习从小学到高中都是学生比较头疼的问题。这种固化而单一的文言文教学模式既不能提高学生的语文水平，也不能培养他们的审美情趣，还失去了文言文原本的意境和韵味，反而让不少学生在小学阶段就怕学文言文。这个问题对于刚接触文言文学习的三年级学生来讲，更是无从下手，不知道该如何学习，学过一段时间后，学生的兴趣就会丧失殆尽。我认为这样的教学恰恰跳过了学习文言文非常重要的一个环节——诵读。

事实证明，兴趣是最好的老师。想要扭转上述尴尬局面，就要在培养和激发学生的文言文学习兴趣上多下功夫，而诵读正是提高这种兴趣的有效手段。实际上，新教材实施之后，小学生就开始大量学习古文了，那些古诗词、成语、对联……不就是古文吗？只不过是到了三年级，教材才明确提出了文言文这个概念。那么，如何引导小学生开启学习文言文这扇大门，让小学生喜欢上文言文呢？古人云："书读百遍，其义自见。""熟读唐诗三百首，不会作诗也会吟。"反复诵读，自古以来就是学习文言文的主要途径。多年来，在教学中我坚持按照学习文言文"诵读是第一位"的方法来激发学生的学习兴趣，并分三步去落实，取得了较好的教学效果。

第一步：教师身先示范，做好范读

教师的范读，顾名思义，就是语文课堂上教师的示范朗读，是给学生做榜样的。在现实的教学中，教师很少范读。不少教师曲解了"学生是课堂的主体"这一理念，在课堂上只是简单地、机械地要求学生去反复读课文，还一步到位地要求学生熟读成诵。学生在学习中遇到不懂的地方就叫学生借助字典、参考书等工具自行解决，而忽视了范读的作用。

另外，随着现代教育手段的不断更新，越来越多的教师选择用课件中的朗读音频或视频代替范读。究其原因，或许是嫌麻烦，或许是怕自己普通话不标准而出洋相，或许是压根儿就没有想过要示范朗读。其实，虽然入选小学教材的这14篇文言文都是短小精悍的优美作品，但是文言文的语言与我们现在说话、写作时所用的语言大不相同，学生理解起来会有些困难。因此，朗读是文言文教学之本，而教师的范读更有着非常重要的引领作用。

首先，教师的范读能调动学生的积极性。在日常教学中，不少教师都是让学生自由诵读，或者同桌互读古文，或者听录音来把握全文，美其名曰"把课堂还给学生"，重视"现代教育技术与课程的整合"，殊不知，不少学生在这个时候充当了南郭先生的角色，不读或是随便读，根本就没有完成教学目标。而此时，若是教师示范朗读，学生必竖起耳朵认真听：一是因为教师有威信；二是因为学生对教师的仰慕。这样一来，学生的积极性就被调动起来了，学生与教师之间的距离也拉近了不少。这样的范读效果是非常明显的，学生诵读的兴趣也马上被点燃了。

其次，教师的范读有助于学生读准字音、把握节奏。古人做文章没有点标点的习惯，我们课本上的选文都是经过改编后标好标点的，停顿基本上按标点把握，但句子的节奏还是很重要的。文言文的很多生僻字、多音字、古今异义词以及文章的断句等，都与现代汉语有很大的出入。如果盲目地按照现代汉语想当然地读，就很容易读错。另外，很多我们常用的字词在特定的场合中或许会有不同的断句和意思，如果仅靠学生查找资料自行解决，效果并不理想。在教《杨氏之子》一课时就深有体会。文中那一句"未闻/孔雀/是夫子家/禽"，在上一个班教学时，我让学生自读课文把握大意，不少学生就把文中的"家禽"读错了，连起来读了。当时，我纠正了学生的读音，再让他们读，还是有一部分学生会读错。鉴于这种现象，在另一个班教学时，我先让学生认真听我的示范朗读，并要求他们一边听，一边拿起笔用"/"划分好节奏和停顿。这样一来，学生就发现"家禽"这个词是分开来读的。我把原因道出，因为之前没有集体读过课文，现在又已经正音了，所以全班齐读的时候都能把这个句读准了。所以，教师要想让学生对文言文诵读感兴趣，首先要让他们领略到诵读中的乐趣。为此，教师首先要提高自己的文言文诵读水平，揣摩文本，反复练习，范读时抑扬顿挫、声情并茂，为学生模仿诵读树立榜样。小学生模仿性和向师性都很强，他们能很快地从教师的示范中把握诵读的技巧，进而内化为自己的能力，并产生诵读的强烈动机，进而尝试去诵读。

第二步：指导学生读通课文

学生在受到教师的熏陶而对文言文诵读乃至文言文学习感兴趣之后，接下来就是让学生自己在诵读中体验到文言文诵读乃至学习文言文的乐趣了。

在此基础上，教师指导学生诵读的策略就显得尤为重要。

首先，教师要引导学生课前进行文言文诵读预习，把吐字清晰、字正腔圆作为文言文诵读的最低要求。这一基本要求的完成要放在课前预习过程中，这就要求教师刻意培养学生课前预习的习惯，明确要求学生在预习的过程中借助工具书查准把握不准的字的读音，尤其是对古今义有较大差别的字词的读音进行标注，然后至少高声朗读三遍，并形成习惯，逐渐把这种预习变成主动行为。

其次，教师要对学生文言文诵读进行技巧指导，让学生在文言文诵读中体会到文言文学习的快乐。教师要为学生诵读提供足够的时间和空间，每篇文言文的教学至少要用半个课时指导学生诵读，对于要求背诵的课文还要做背诵指导。诵读训练需要循序渐进，不可急于求成。要求学生读准句内停顿、重音、语气、节奏。这个层面的训练主要以教师的范读和领读为主，逐句逐段细读，让学生在反复诵读的过程中初步掌握文言文断句、重读的规律。对于难以读准的句子和片段，教师可在语法知识的辅助下，帮助学生揣摩内涵、找准重音、读准节奏、读出语气。例如，《伯牙鼓琴》中的"钟子期死，伯牙破琴绝弦，终身不复鼓琴，以为世无足复为鼓琴者"这一句的停顿和重音，就需要教师特别指导了。对于句子中的"破琴绝弦"和"终身"这两个词就要重读，这样就可以读出节奏，并很自然地读出伯牙当时痛失知音的内心感受。这样的训练旨在培养小学生对文言文所表达的思想感情产生共鸣，让文言文的音韵和谐美感染每个学生，引发学生的审美愉悦。

最后，在充分读准、读通课文的基础上，可以采用多种方法诵读文言文。例如，我经常使用配乐朗读、集体朗读、个别朗读等方法，让学生读得有声有色、有滋有味，在读中领悟文言文学习的乐趣，感受学习语文的真正魅力。我在教《两小儿辩日》时，采用分角色读、自由读、表演读、齐读等方式，让学生重点反复诵读领悟两个小孩的对话。读的次数多了，学生就能根据人物身份、地位、目的的不同，细心揣摩他们说话的语气、语调，并通过阅读分析三人说话时的心态，从而把握人物的性格。在教学《伯牙鼓琴》一课时，我会给学生配上一段清幽的古琴音乐，让学生在悠扬的音乐中去体会伯牙和子期的知音之情，感受伯牙失去知音的痛苦。

第三步：在理解的基础上熟读成诵

学生充分诵读之后，教师还要提出更高层面的要求。因为读的最高境界是熟读成诵。科学有效的背诵方法应该是在理解中背诵，背诵反过来又能强化理解，二者相辅相成。根据这一原则，我在指导学生背诵时主要采用以下几种方法。

（1）给学生提示每句第一个字。我在让学生背诵的时候，一开始在黑板上写出每句话的开头一个字给予提示，这种方法降低了学生背书的难度，以前不爱背书的学生都会重拾信心，加入背书的行列，效果非常好。然后再逐渐增加难度，两句一个字头提示，到整段字头提示，最后无提示。这样背书的效率就大大提高了，学生不再对文言文背诵敬而远之，对学习文言文产生了浓厚的兴趣。

（2）出示多媒体课件，让学生在音画情境中提高诵读的效率。事实证明，采用多媒体辅助学生进行文言文的背诵，可以大大提高学生的记忆力，减轻学生背诵之苦。因为在文言文的学习中，如果辅以画面想象，就能增强学生的形象记忆；如果辅以音乐，就能美化内容意境；如果辅以声色影，就能开拓想象空间。所以，在教学文言文时，我常常自制教学课件或从网上下载课件，让学生在优美的画面、悦耳的音乐中，开放感官尽情享受，用美熏陶、感染学生，从而让学生快速理解内容，加深记忆，提高认知，带动学习的积极性。例如，在教《司马光》一课时，我根据三年级小学生的年龄和心智特点，先让学生观看一段和本文内容相契合的动画片，动画片中的紧张情节一下子就把学生的注意力集中起来，故事的情节就深深地烙在他们的心上了。接着我在学生初步理解了本篇文言文大意的基础上，让他们看着我出示的图片去试着背诵课文，这样，学生很快就能把这篇文言文背出来了。另外，在学生熟读后，我还利用计算机可随时变动的动态板书，抓住关键句，扣住思路，用缺字法训练背诵，从易到难，不断减少屏幕上出现的字数，最后让学生全文背诵。学生在一个课时内既掌握了背诵，又把握了文章，很好地完成了教学任务。

（3）举行背诵竞赛。每学完一篇文言文，我会让学生进行一次背诵比赛。小学生好表现、好胜心强，这种方法特别有效。背诵是为学生营造一个自由表达、积极参赛的良好氛围，使学生在竞争中背熟、背准。背诵前要制定规则，方式可以是个人比、小组比、男女比、师生比等。在多种方法的共同作用下，学生很快就能把生僻的文言文背下来。除此之外，我还特别喜欢采用擂台赛的背诵方式。小学生的好胜心都很强，如果能让他们跟老师比赛并赢了老师的话，那么他们的学习兴趣就会被调动起来。所以，每学完一课文言文后，我就在课堂上预留一点时间和学生一起背诵这篇文言文。在展示环节，我充当擂主，先按照正确的停顿、断句、语气背诵这篇文言文，再让学生自主向我挑战。通常一节文言文的课堂就是在这种热烈而高涨的气氛中结束的，这样日积月累下来，学生学习文言文的兴趣就被培养出来了。

诵读，是开启小学生文言文学习之门的金钥匙，是让学生对文言文学习恋恋不舍的法宝，是继承中华文化、弘扬民族精神、提高自身素质的重要途径。就让学生的文言文学习从诵读开始吧！

浅谈现代信息技术在朗读教学中的应用

罗定市实验小学　　邹金凤

《义务教育语文课程标准（2011年版）》中提出：能用普通话正确、流利、有感情地朗读课文，是朗读评价的总要求。该标准还特别指出：各个学段的阅读教学都要重视朗读和默读。由此可见，语文课程应特别关注汉语言文字的特点对学生识字、写字、阅读、写作、口语交际和思维发展等方面的影响，在教学中尤其要重视培养学生良好的语感和整体把握能力，这也说明了小学语文教学中朗读教学是非常重要的。在小学生的"听、说、读、写"四种能力中，朗读是培养"说"这种能力的最基本的方法。我在教学中发现，对小学生进行朗读能力的培养既可以让学生有效地获得语文知识，也可以培养学生良好的语言交流能力，时间一长就能形成良好的语感，同时有利于小学生对课本文章的欣赏，让他们感受到语言的魅力，并为其今后的写作奠定坚实的基础。可是，在日常教学中我们会发现，由于小学生普通话水平不高，加之地方方言种类多、差异大，教师自身又缺乏必要的朗读技巧和方法，难以有效地指导学生朗读，所以小学阶段的朗读教学没能取得良好的效果。而我在长期的教学实践中发现，把现代信息技术与小学语文朗读教学相结合，不失为解决这一难题的好办法。

随着小学语文课程改革的不断推进，信息技术在日常教学中得到广泛应用，改变了以往传统、单一的教学模式。信息技术在教学中的有效应用成了提高教学效果的重要手段，成为课堂教学中不可或缺的一部分，让学生学习、研究、探索知识的方式更加多样化。因此，在朗读教学中适时、合理地应用现代信息技术也成了一种有效的途径。下面我谈谈自己在教学实践中运用信息技术培养小学生朗读能力的一些做法。

一、运用信息技术能帮助教师更好地发挥示范作用

要想尽快提高小学生的朗读水平，教师的范读起到了很重要的引领作用，但这对教师提出了更高的要求。精彩的范读为学生的模仿提供榜样，为生动的语文学习创设良好的情境，能让学生更直接地理解课文内容，感受课文所要表达的思想感情。小学生的模仿能力非常强，向师性也很强。在低年级的时候，学生刚刚开始系统地学习普通话，每一个声母、韵母、声调的准确发音对于他们来说都非常重要，口音也很容易形成。而对于小学中、低年级的学生来说，他们还没有掌握什么朗读技巧，朗读能力完全靠模仿教师而习得。教师在课堂上声情并茂地范读，不仅能引起学生的朗读兴趣，还能让学生在模仿中学到正确发音、停连、变调、重音、语气、语调、节奏等技巧。小学高年级的学生虽然已经掌握了一些朗读技巧，但教师的范读仍然能起到很好的导向作用。实际上，在传统的小学语文朗读教学中，教师的朗读教学无法高效地进行。因为很多教师年龄偏大，且身处方言区而导致普通话发音不标准，而且教师自己的朗读能力也不高，所以在进行朗读教学时不敢也不能进行正确的示范。就像我们学校地处粤西山区，学生大多是农村孩子，平时生活中听到的大都是粤语方言，教师和学生都很少用普通话进行交流，甚至有很多教师上课都用粤语方言，这就导致学生的口语表达不规范，普通话表达能力较差，很难用较好的普通话词汇、语句来准确地表达自己的思想。面对这样的困境，教师可以发挥信息技术的辅助作用，利用优质的多媒体朗读展示等功能对学生进行朗读教学和训练。例如，教学有趣的童话故事《巨人的花园》《一个豆荚里的五粒豆》等，教师可以先让学生认真听课文范读录音，让学生对整篇课文的朗读基调有一个全面的把握。在第二次播放范读录音的时候，可以让学生跟着录音小声地读，随后学生在朗读课文时也能模仿录音中的语气、语调朗读了，这样就能收到很好的教学效果。

多媒体的一大优点是可以反复播放，播放正确、流利、有感情的朗读录音可以帮助学生更好地纠正读音。例如，在小学低年级教学声母、韵母的时候，教师可以重复播放发音的视频，让学生从视频中看到发音的口形、听到正确的发音，这样就避免了一些教师自己发音不准确、错误示范的问题，同

时解决了教师声带疲劳的问题，还可以让学生的朗读水平在重复练习中得到提高。所以，运用多媒体技术辅助教师进行朗读教学，既能让学生体会到好的朗读传递出的声音美、情感美，从而去模仿好的朗读，在不断模仿中提高自己的朗读水平，也能帮助教师更好地发挥示范作用。

二、运用信息技术能为朗读教学创设情境，提高学生的朗读能力

信息技术可以创设最优化的教学情境、精美的画面、动听的音乐、生动的视频，这一切被综合运用起来就能使读者动情、听者入境。在日常教学中，教师应该恰当地运用各种多媒体手段，激发学生的朗读兴趣，提高学生的朗读能力。

1. 利用音乐引导学生入情入境，激发朗读兴趣

在日常教学中，很多教师往往会选择比较单一的全班朗读或者学生个人朗读的方式，学生朗读课文时往往只流利地把字音读准确而已，甚至还有部分学生把课文吼出来就算了，这样的读书声听起来是干瘪的、没有感情的。这样就导致许多学生难以进入课文的情境中，课文中主人公的经历与情感很难引起他们的共鸣。叶圣陶老先生说过："作者胸有境，入境始于亲。"教学中教师应为学生创设情境，让他们身临其境地读出感情来。我认为采用音乐引导学生入情入境就是一个非常好的方法。音乐是渲染情境、营造气氛的重要手段之一，把音乐和美妙的人声巧妙地结合起来，能够很好地调动朗读者的情绪，并与文章作者产生强烈的情感共鸣，引发朗读的兴趣。配乐训练朗读是一种非常高效的创设情境的方式。教师只要在上课之前先收集与朗读内容相契合的音乐，然后在教师范读或者学生练读的时候适时播放，就能把学生引入一个美妙的境界。例如，在教古诗词时，教师可以选用一些悠扬清丽的中国民乐；在教散文时，教师可以选择一些悦耳动听的钢琴曲或班得瑞风格的轻音乐；在教童话时，教师可以选择一些轻快的贴合内容的音乐。总之，教师要根据教材特点，选择合适的音乐为朗读课文服务，以渲染气氛，增强感染力，这是最有效、最易操作的方法，也是最常用的训练方式。例如，在教学《三月桃花水》这篇课文时，我在课前就精选并剪辑好一些春天特有的声音，如沙沙的小雨声、清脆的鸟叫声、潺潺的流水声等，在朗读前先让学生安静地听，然后再播放一段有关春天的纯音乐，这样，学生就能慢

慢进入文中的情境，产生身临其境的感觉，自然就能读出感情来了。这种恰当地运用音乐引导学生入情入境的方式，不仅提高了学生的朗读水平，丰富了学生的想象，还激发了学生的朗读兴趣。

2. 利用图片拉近距离，激发朗读欲望

小学生年纪小，生活经验少，知识面比较窄，有些事物不能直接观察和体验，如果仅靠阅读文字或者教师的描述是难以理解课文的，因此也就难以正确、流利地朗读课文，更不能有感情地朗读了。多媒体技术的运用能起到很好的辅助作用。呈现画面是小学语文课堂常见的教学手段，直观的画面能让学生对课文内容有更直接的体会。因为生动的画面、艳丽的色彩能使学生如临其境，看着画面就可以想象课文所描绘的意境了。当学生被这些直观丰富的画面所吸引时，就拉近了时间和空间的距离，朗读的欲望就会被激发。图片的收集其实并不难，互联网可以为语文教学提供丰富的图片，教师可以根据教学的实际需要，在课前准备与课文重点句段相契合的图文，给予学生强烈的视觉冲击，让学生仿佛身临其境，与作者的情感产生共鸣，然后教师再适时地进行朗读的引导，朗读的效果自然就出来了。

例如，在教学《圆明园的毁灭》这一课文时，学生对于文中所描绘的圆明园的风光美景和奇珍异宝是毫无感知的，所以我设计了配乐、配画课文朗读这一环节。我先从网上收集并下载了相关资料、图片。上课时，我让学生看着一幅幅真实的画面，听着我倾情朗读，感受着圆明园曾经的辉煌，想象着圆明园被毁时的惨状。这样多感官的刺激和声情并茂的形式让学生在生动、形象的直观感受中了解到圆明园曾经的辉煌壮观，拉近了与历史的距离，也从八国联军点燃的熊熊的烈火中感受到了屈辱，从而加深了对课文的理解和感受，激发了学生强烈的朗读欲望。又如，在执教古诗《乡村四月》时，对于这些生活在城里的学生来说，诗中提到的"蚕桑"和"插田"都是比较陌生的事物，所以我通过上网收集农民种桑养蚕、播种插秧的相关图片让学生观看，拉近生活和文字的距离，然后让学生体会诗句"乡村四月闲人少"的真正含义，体会农民伯伯的艰辛。这样，学生朗读起来感情就更加真挚了。

3. 利用视频调动感官，激发朗读热情

利用视频进行教学的优点是，能将图、文、声、像等有机地合成一体，以一种更生动有趣的形式去呈现教学的相关内容，这是学生最喜欢的一种教学方式。在教学过程中，教师可以根据教材特点，结合教学目标和内容，借助信息技术，合理适当地播放视频朗读资料，这样能极大地调动学生的视觉、听觉等感官，激发学生学习的积极性，调动学生学习的热情，为朗读打下良好的基础。在教学《"诺曼底号"遇难记》一课时，新课一开始，我先让学生观看《"诺曼底号"遇难记》电影开头的片段：在夜色正浓、薄雾弥漫的大海上，"诺曼底号"正在快速前进。这样就能让学生对课文的内容产生好奇心，从而激发他们的朗读兴趣。在讲到"诺曼底号"遇到危险，船上的人都在慌乱中逃生这部分内容时，我再让学生观看相关视频，同时配以急促的音乐，这样就能营造一种紧张的氛围。在学生看完之后，我再让学生带着自己刚才看视频时的心情去读课文，这样就让学生进入了情境，随着配乐响起，学生的朗读热情也被激发起来了。

三、运用信息技术能为学生的朗读提供更多展示的平台和学习的途径

小学生好胜心强，也特别喜欢展示自己，但是在课堂上读给教师与同学们听时会受到时间和空间的限制。运用信息技术就能很好地解决这一难题了。日常上课时，我会首先播放准备好的课文录音，让学生感受语言大师的魅力，然后播放自己精心朗读的一段课文，这样的范读就能给学生一个学习和模仿的例子，学生读起来就能更好地把握要领。在学生朗读时，我又用手机把他们朗读时的声音录下来，回放给他们听。这样，学生听着自己的声音，在大家的评议和教师的指导下，能比较快地掌握朗读要领，激发学生主动表现自己的热情，提高学生对语文学习的兴趣。

随着互联网的普及和新媒体的大量使用，现在中小学很多班级都已经建立了班级QQ群、微信群，许多学生已经有自己的QQ，甚至博客、论坛。所以教师在教学中还可以根据班级学生的实际情况，鼓励学生把自己朗读课文或课外美文的视频音频发到QQ班级群、微信群、微信朋友圈、博客等平台。平时，我比较喜欢定期在班级微信群里举行朗读擂台赛。例如，在学习新课之后，我让学生把自己朗诵得最好的一段音频或视频发到微信群里，然后让学生投票，选出这篇课文的"朗读小能手"。这样坚持操作下来，学生的朗

读积极性大大提高了，自信心也增强了。另外，我还鼓励学生在课外上网观看一些朗诵名家的朗读视频，鼓励学生模仿名家朗读时的表情和语气等。例如，我向学生推荐的"小学课文朗读""清弦读书""广东省朗读协会"等公众号中精彩的名家朗诵视频，引导学生观看中央电视台的《朗读者》等节目，多形式、多渠道拓宽和丰富学生学习朗读的途径。

实践证明，随着教育改革的不断深入，教师应该积极探索，努力寻求现代信息技术与语文教学目标相结合的最佳途径和方法，以促进教学过程的最优化，从而更有效地提高语文朗读教学效果，让信息技术为语文朗读教学开创一个新天地。

信息技术环境下片段作文教学初探

罗定市实验小学　邹金凤

随着时代的进步，21世纪已迎来了日新月异的世界形势，中国也步入一个信息迅猛发展的时代。在这种社会形势之下，许多部门对人才的需求已由原来的专业技术人才变成现在的既要有较高的专业知识又要能说能写的专业技术人才。因此，写作成为信息时代必不可少的能力之一。而写作其实是一个复杂的、多维度的认知过程，在掌握写作这一过程中，必然会遇到各种各样的困难，所以必须从小抓起，这也更加突出了小学作文教学的重要性。为了有效提高学生的作文水平，激发学生对习作的兴趣，我研究了学生的习作心理，发现以下几点是主要问题所在：①作文篇幅过长。由于学生存在惰性，小学生普遍感觉完成一篇作文花费的时间过长，尤其是刚从写话转折到写作文的三年级学生，很难对习作产生持久的激情和兴趣。②词汇量匮乏。很多学生对于作文有话可说，但是因为词汇的组织能力和词汇量匮乏，导致最后词不达意，这样的挫败感使得他们对作文的兴趣越来越低。③缺少想象。很多学生在作文上很难得到显著提高，是因为在习作上千篇一律式的写作习惯。

《义务教育语文课程标准（2011年版）》对一、二年级的写话要求是："对写话有兴趣，写自己想说的话，写想象中的事物，写出自己对周围事物的认识和感想。在写话中乐于运用阅读和生活中学到的词语。"对三、四年级的习作要求是："留心周围事物，乐于书面表达，增强习作的自信心。能不拘形式地写下见闻、感受和想象，注意表现自己觉得新奇有趣的或印象最深、最受感动的内容。"对五、六年级的写作要求是："养成留心观察周围事物的习惯，有意识地丰富自己的见闻，重视个人的独特感受，积累习作素材。40分钟能完成不少于400字的习作。"纵观小学阶段的写作要求我们可以发现，一至六年级的写作其实是一个从写话、习作入手，递进地提高写作要求的过程。这样做是为了降低起始阶段的难度，重在培养学生的写作兴趣和自信心。既要提高学生的写作兴趣和增强学生的写作信心，又要降低学生的写作难度。对此，我认为，随着新课程改革及信息技术与学科整合的深入推进，把多媒体网络等信息技术手段恰当地应用于片段作文教学，分专题对学生进行片段写作训练，不失为攻克以上难题的良策。

片段作文是指用一段一节的小篇幅表现生活中的一个断面，说明事物的一个方面，谈论对某事、某现象的一点看法。做这种片段写作练习，只要求写出文章的一部分（一段话或一两段话），可以不讲究开头和结尾，不求其完整，只要把作文中所要求写的或自己想写的一部分意思写清楚就行了。它和整篇作文是局部与整体的关系。尽管如此，它却要表达一个集中的意思，有一个较明确的中心。因此，它是重要的作文训练形式之一。在这个信息技术时代，将信息技术介入片段作文教学，让学生将它变成自己手中的认知工具，从中收集资料，增长阅历，进而充实自己的作文素材，提高写作能力，以实现作文的突破和发展已是必然。信息技术整合于小学片段作文教学，可以把枯燥的讲授、单纯的技巧指导变成赏心悦目的有形画面，把静的字变为动的形、美的景，将生动直观的信息再现于学生的各个感官，以激发学生的学习兴趣和热情，为学生的想象提供广阔的空间，使作文教学成为学生向往的乐园，并进一步优化片段作文教学过程，为学生语言文字表达能力的发展和提高奠定良好的基础，对解决学生"写作难"的问题，培养学生的观察能力、思维能力与想象能力、创造能力，一定会产生良好的效果。

一、整合现代信息技术与片段作文教学，采用仿写的方式激发学生写作兴趣

兴趣是最好的老师。从心理学的角度来说，当学生对所从事的活动产生兴趣，形成一种探求的愿望，就会积极主动、愉快地从事自己的活动。兴趣越浓，观察则越细，感受也就越强烈。运用多媒体软件提供的图像动画、活动影像等图文并茂的形式，易调动学生的思维，拨动学生的心弦。根据小学

生的特点，短时的片段作文训练，有利于激发学生的写作兴趣，有利于及时反馈，充分提高写作的有效性。现代信息技术声、形、画并茂，不受时间、空间，宏观、微观的限制，极具表现力。如果教师根据教学的具体情况，采用多媒体课件、电影、影视、幻灯片等具体形式，通过生动鲜活的画面、缤纷的色彩、悦耳的声音来展现片段作文教学的内容，学生便可以获得如临其境、如闻其声的间接经验或亲身体验。而仿写这一方法也能降低小学生片段作文教学的难度，更好地激发学生的写作兴趣，增强信心。例如，在学生学习了三年级上册的《富饶的西沙群岛》第4自然段之后，教师可以接着出示一些海底各种鱼类的图片或者视频，让学生以总—分的形式仿写片段。这样不但可以降低写作的难度，调动学生多感官参与学习创作，有效地激发学生的写作兴趣，拓宽学生的写作思路，而且可以促进学生主动探索、主动发展，让学生在轻松、愉快的环境中不断提高写作能力，从而写出言之有物的好作文。

二、利用现代信息技术指导片段作文教学便于丰富学生的写作素材，奠定作文基石

有了写作的兴趣还不行，小学作文教学还必须解决"写什么"的问题。但是，由于小学生生活范围狭小，尤其城乡地域差异，造成了城市和农村学生见识上的不同，而且有的学生缺乏"发现美的眼睛"和积累的习惯，这就造成了学生写作文无话可说的困境。如今，互联网已经成为学生生活中的重要工具，互联网强大的信息功能为学生呈现了大量的信息材料。学生只要轻点鼠标，多媒体就能为学生提供丰富的、图文声像并茂的写作素材，不仅突破了时空限制，可以随时随地运用，而且内容、形式繁多，想要什么就有什么，大大地丰富了学生的写作素材，解决了学生"无米下锅"的难题。例如，写景物作文时可点击"自然风光"，写叙事作文时可点击"时事新闻"，写动物作文时可点击"动物世界"，互联网增加了学生的写作素材，同时也丰富了学生的视野生活。又如，写"我喜欢的动物"这样的作文时，学生的写作范围就很广，而城市里的学生平时所接触、了解的动物太少了，在进行片段写作时，学生就可以根据片段写作的要求，利用互联网检索自己喜欢的动物的特点。另外，在利用互联网收集写作素材的同时，学生的写作视野也得到了拓宽，这样就有"米"下锅了。

三、将现代信息技术运用到片段作文教学中能提高学生的综合能力

学生有了写作的材料并不意味着就一定能写出好文章，同样的一段素材，不同的学生写出来的效果可能会截然不同，这就涉及"怎么写"的问题，这也是小学生写作能力高低的体现了。小学生的写作能力包括观察能力、语言表达能力（口头、书面）、布局能力、书写能力、修改能力等方面。因此，进行小学作文教学时，必须与阅读教学有机地结合起来，运用现代教育技术在这方面的优势，加强对学生用词造句、写话和写作的训练以及教师的具体指导和讲评、修改习作，同时利用多媒体课件、电影、电视、幻灯片、投影等其他现代教育技术手段，结合具体的场景，指导学生仔细观看，并结合必要的讲解，这样，学生写出来的内容就会具体、丰富、感人，从而达到传统教学较难或不能达到的效果。

另外，信息技术环境下的片段作文教学要求，无论是教师还是学生，都须具有超前的教育观念和学习观念、敏锐的观察和思考能力、一定程度的信息技术应用能力、收集和处理信息的能力以及与人交际和协作的能力。和传统的教学模式相比，这些能力无论是对教师还是对学生来说，都要求有一个质的飞跃和提升。

综上所述，我认为，信息技术能有效地把学生所学的各门学科、体验的各类生活、参与的各种活动统整到片段习作中来，为其所用。学生真正成为习作的主体，彻底改变了原有的"要我写"的被动局面，视习作为乐事，把习作视为学习的需要。丰富的信息资源拓展了学生的知识空间，网上作文教学强化了学生信息素养的形成，重建学生的主体地位。借助信息技术，学生的语文素养普遍提高了。同时，信息技术也给每个学生铺设了一条提高习作水平之路，还给每个学生提供了展示自己才能的机会。

小学生片段作文教学之我见

罗定市实验小学　邹金凤

作文教学一直以来都是小学语文教学的老大难问题。在教学实践中，学生害怕作文、讨厌作文、躲避作文的现象普遍存在。这种情况下，学生写出来的作文内容也常常是空洞无物、没有真情实感的，有的甚至照搬照抄、敷衍了事。究其原因，是小学生的生活积累贫乏，欠缺丰富的情感体验和相应的写作技巧，写作兴趣低下。但现阶段的小学作文教学存在着随意性强及无目的、大操练的倾向，训练缺乏目的性和针对性。因此，从源头上寻找解决习作教与学难题的方法，是习作教学的当务之急。其实，写作必须通过长期的阅读积累，经历由句到段再到篇的过程，所以进行训练和积累的最佳方式就是对学生进行片段作文的写作训练。所谓"片段作文"，实际上是一种微型写作或者微小文段。它可以是一个细节的精雕，也可以是局部的放大；可以是全局，也可以是片段；可以是缩写，也可以是略写。尽管如此，它却要表达一个集中的意思，有一个较明确的中心。打个比方，如果说进行一篇文章的整体写作是建一座房子，那么片段作文的训练就是打造每一块墙砖。只有每一块墙砖都筑牢了，房子才会变得坚实。因此，我认为片段作文训练是小学阶段重要的作文训练形式之一。而在作文教学中，教师应该充分利用片段作文短小精悍这一优势，从优化训练内容出发，运用多种教学手段进行教学设计，使学生的听觉、视觉、触觉都参与感知活动，努力提高学生的写作能力。下面我就谈谈自己在教学实践中探索到的关于片段作文训练的一些做法。

一、根据课程实际确定训练的时间

由于片段训练篇幅短、时间省，所以运用比较灵活。但是根据不同年级学生的学习情况和课程安排，我认为在训练时间上可以做以下安排：①片段训练可以在作文训练课中进行。一般来说，小学语文作文训练课的时间非常有限，一般一篇习作要求在两个课时内完成。但是对于刚进入三年级初步接触写作的学生来说，要当堂完成一篇作文的写作难度是比较大的。这时，片段训练就可以起到很好的训练作用。教师可以结合本次写作重点，在习作课上先指导学生审题、选材、编写写作提纲，在学生已经基本搭建好这篇文章的架构后就可以对学生进行这篇习作重点段落的训练了。这个重点片段的训练一定要当堂要求、当堂完成、当堂评议。在第二课时让学生给这个重点段落加上头尾，一篇文章就完成了，这样就降低了这次习作的难度。例如，在教学部编版教材四年级下册第一单元的习作"我的乐园"时，在第一课时中可以安排学生先动笔写一写这篇文章的重点部分——在乐园中的活动。在学生写完片段、教师当堂评议之后，这篇文章的难点就解决了。但这要求教师在课前充分备课，精心准备课件，以达到课堂效果的最优化。②片段训练可以在一篇课文学完以后进行。选入小学课文的文章都是文质兼美的，也是很好的范文，所以，教师可以选择课文中最优美的片段让学生进行仿写。例如，在学习了课文《桂林山水》之后，教师可以抽出10分钟时间，引导学生参考文章写景的方法，回想自己看到的某一处景致，用一个小片段写下来。这种读写结合的课堂练习不仅提高了学生的写作能力，而且加强了学生对课文内容的掌握。除此之外，教师在学完一篇文章之后，让学生用简单的几句话写一写自己的感受，表达一下自己的内心独白。例如，在教学《慈母情深》这篇文章之后，学生的心中可能会有千言万语想对自己的母亲说，教师可以马上让学生动笔写一段话——妈妈，我想对您说，以此去抒发感情。③片段训练可以在学生经历一些事件或者面临一个值得关注的场景后进行，培养学生做生活的有心人。生活是积累大量习作素材的宝藏，如果我们能经常进行一些必要的片段写作训练，既能培养学生的观察能力、写作能力，又能帮助学生积累素材。例如，学生去郊游之后，教师可以让学生把自己印象最深刻的一处景物用平常学到的写景方法写一个小片段；在进行拔河比赛之后，教师可以让学生用描写场面的方法把最激动人心的场景写出来；在六一游园活动之后，教师让学生把自己兴奋的心情描述一下……此外，教师在平时注意把这些画面用相机或者手机记录下来，然后通过多媒体的形式再现，让学生重温这些画面素材。这样就打破了时间和空间的限制，可以见缝插针地进行小片段作文训练了。

二、根据不同年级确定训练内容

小学阶段常见的习作大概可以分为以下几类：写人、写事、写景、写物、写活动。

根据这些常见的类型，教师可以先分门别类，然后按照每个年级学生的训练重点确定训练的内容及类型。实践中常见的训练内容及类型有以下这些。

（1）写人物文章的片段描写：外貌、语言、神态、行动、心理活动。

（2）写事文章的片段描写：场面、局部、点、面。

（3）写景文章的片段描写：整体概说、部分分说。

（4）说明类文章的片段描写：外形、性质、特征、用途。

（5）围绕所创设的情境自由写片段，如学习、环保、交通状况、城市变化等。

（6）片段的动静描写：动的片段（如活动、变化等）、静的片段（如肖像、景物等）。

（7）从记叙文结构分块的片段训练：开头专项训练、结尾专项训练等。

（8）续写、扩写、连词成段。

在确定了片段写作的内容和类型之后，我们就可以根据不同年级的习作重点进行训练，找到每个内容的最佳训练方法，训练效果就大不一样了。例如，写人物的片段训练可以这样安排：三年级侧重训练外貌和语言的描写，四年级侧重训练神态和动作的描写，五年级侧重训练心理活动的描写，六年级侧重综合性训练。这样形成一个长期连贯的、系统的训练，就能把学生习作的每一块砖石都砌得稳稳的，还用担心学生言之无序、言之无味吗？

三、根据学生的实际确定指导策略

作文教学要高效，学生的写作能力要提高，教师在明确小学作文教学任务的前提下，首先要考虑教学环境、学生的学习情况等实际存在的教与学的问题，有的放矢，制定相应的学习指导策略。

1. 片段作文教学要与日常阅读教学有机结合起来，引导学生由仿到创

《义务教育语文课程标准（2011年版）》指出，阅读要为作文打好基础，既要把写的训练贯穿于学生生活中，也要贯穿于阅读教学中。在教学中，教师应有意识地将写作指导渗透到阅读教学中。教师应以课文为突破口，在课堂教学中注重典型课例片段的讲解，让学生认识各种写作技巧的优势；然后练习仿写，模仿写作技巧；最后向课外延伸，通过观察生活细节，拓展作文思路，增加积累。从模仿到创作是学生作文的必由之路，为了培养学生的创造性思维能力，教师应对学生进行多角度、多梯度的写作训练。①仿写句式。例如，学习了《猫》《母鸡》《白鹅》等课文后，教师可以训练学生对排比、比喻和拟人等修辞手法的仿写。②仿写段落。例如，学习了《纳米技术就在我们身边》之后，教师可以让学生仿写文中先总后分的写法。另外，还可以多仿写人、事、景、物的优秀片段。③仿写篇章。例如，学习了《白杨》《落花生》等课文后，教师指导学生学习借物喻人的写法；学习了《海上日出》《记金华的双龙洞》等课文后，教师让学生学习文章是怎样通过细心观察描写大自然的特点的。实际上，当学生进行模仿性写作训练时，创造性思维能力也随之得到了训练。在进行这些仿写之前，教师都可以通过课件的形式，把这些精彩段落等内容展示出来，既让学生有更深刻的理解和印象，也增大了课堂的训练容量。

2. 借助多媒体，激发学生的作文兴趣

爱因斯坦说："兴趣是最好的老师。"没有兴趣就没有写作的欲望，小学生受阅历、年龄的限制，感觉没东西可写、没内容可写，如果再没有写作的兴趣，对作文就会感到头痛。多媒体情境下的作文能激发学生的写作兴趣和提高学生的写作能力，因为多媒体技术能将图片、声音等教学资源结合起来，使枯燥、乏味、抽象的教学内容变得直观形象、生动有趣，容易吸引学生的注意，激发学生的作文兴趣。在上习作课之前，教师可以根据习作的需要，上网查找或去拍摄作文教学的资源，把学生难以目睹而又十分感兴趣的现象或过程制作成课件并展示给学生，有效地激发学生的写作欲望。例如，在教"描写一种动物"这个内容时，对于平时生活在城市里的学生来说确实是比较难的，因为很多学生身边不存在这些动物，别说对动物的生活习性等方面进行描写了，就是外形方面都难写。这时教师可以采用片段写作的形式，只要求学生抓住外形、生活习性等某一方面进行写作。又如，训练写小狗的外形特点时，在写作之前，教师可以运用声像引路，让学生观看小狗的外形图片后，再观看一段有关小狗的录像，并用投影出示例文。之后，播放有小猫、熊猫、大象、小鸽子这几种动物的录像，让学生选择一种动物的外貌来写。录像放完了，教师再选择绝大多数学生都喜欢的动物录像重播一次，让学生一边看一边说这种动物的特点。通过这样的引导，学生就能在脑海中对这些小动物的外形有深刻的了解，针对性较强，写作的兴趣自然也提高了。这样，大多数学生都能抓住这一动物外形的细节特点来写，写出语句生动、形象的片段文章。

3. 随堂讲评，及时评价，展示习作，激发学生的写作欲望

写作是一种创造活动，如果用心了，无论写得怎么样，都会有一种成就感，而学生都希望得到老师的肯定。因此，教师的评价对学生来说十分重要。片段作文写作的最大特点是篇幅小，学生写得较轻松，教师批改、讲评也容易。学生练笔结束后，争取当堂交流、讲评，欣赏优点，修改不足。在交流评讲的过程中，还可以多采用学生互读互评、推荐佳作欣赏等方式。但对于共同的评析，教师如果只是用口头语言来描述，效果就会大打折扣。教师可以利用多媒体的实物投影，把学生的习作投影出来，由教师示范修改或师生共同对文章内容、遣词造句乃至标点符号的运用进行评改。在评改过程中，展示修改的每一个步骤，把原文和修改稿进行对照，使学生对正误了然于胸。这样不仅能纠正有代表性的错误，而且能培养学生的思维能力和口头表达能力，大大提高作文讲评的质量，自然也能培养学生修改作文的能力。另外，实物投影除了能修改问题比较突出的作品外，还可以展示优秀的作品，让学生体会自己的习作在全班同学面前展示的愉悦感，激发写作欲望。

习作训练是一个漫长的过程，要使这个过程变得更加高效，片段作文训练的确不失为一个重要的方法。实践证明，适时地进行片段作文训练能够激发起学生的写作兴趣，使学生主动写作、乐学乐写，有助于巩固学生的写作能力，提高作文教学的效率。

浅谈小学古诗词的"三意"教学

罗定市实验小学　邹金凤

2019年秋季开始，全国的中小学生已经开始全面使用教育部编义务教育语文教科书，该版本语文教材最大的一个变化就是古诗文篇目大幅增加，相较之前的人教版，小学六个年级，古诗词总数增加了55篇，增幅高达80%。这些古诗词的内容涉及《诗经》《楚辞》及唐诗宋词。这些优秀的古诗文作品使学生在积累语言的同时，受到中华优秀传统文化的熏陶。

通过翻看一至六年级的语文教材，我发现，被选入部编版教材的这些古诗词短小精悍、节奏优美、形象生动，既有豪迈的"生当作人杰，死亦为鬼雄"，又有意境深邃的"长恨春归无觅处，不知转入此中来"；既有充满儿童情趣的"最喜小儿无赖，溪头卧剥莲蓬"，也有强烈感人的"独在异乡为异客，每逢佳节倍思亲"。这些优秀的古诗词对于学生精神的提升、人格的塑造、情感的陶冶、文化素养的形成、语文能力的培养等有着不可估量的潜移默化的作用。但是我发现，在现实教学中，大部分教师在古诗词教学时常常采用"释题—读通诗句—解释字词—串讲诗句—总结思想"老五步法。教师在课堂上花大量的时间去一字一词地串讲诗句，使古诗词教学仅仅停留在解释诗句的层面，把和谐的诗词艺术品分解得支离破碎，在这样的课堂上，学生只能死记硬背，丝毫不能体会诗词中蕴含的情感，更谈不上品味其意境美。通过多年的教学实践，我认为，教师在新教材的古诗词教学中必须形成开放的语文教学观，要了解古诗词的特点，再结合小学生不同年龄的心理和生理特点，运用正确的方法进行指导，围绕诗歌本身所产生的意念、意象、意境三个层面来设计、施教，力求全面、系统、多层次地探索古诗词的最佳教学方法。

因此，教师在进行小学语文古诗词教学的时候要从整体入手，结合古诗词本身的意念、意象、意境三个层面，着重挖掘诗歌内涵，运用情感朗读、移情想象、拓展延伸等方式引导学生深刻领悟诗歌意境，努力感受诗歌意念。具体应该遵循以下几个策略。

一、多层次诵读，体味意念

古人云："书读百遍，其义自见。"可见朗读对于理解是多么重要。同样，在古诗词的教学中，学生反复诵读就能与诗人生产共鸣，达到"入诗"的境界，从而产生丰富的情感体验。学生在反复朗读中，不仅可以感悟诗中情感，还能把握诗的意念。这就充分发挥了学生的主观能动性，在朗读中的理解可以充分展现自我观点。古诗词的教学必须遵循学生的认知心理发展规律，小学阶段应注重开发学生记忆力，大量背诵、积累，可以采取初读"猜"，再读"品"，三读"绘"的方式，提高诵读效果。

1. 让学生在初读中"猜"出诗文大意

小学生知识积累较少，阅历层次较低，尤其是低年级学生，本来对字词的掌握就比较少，对古诗词中的一些通假字、词语的古今义等更是无从下手。对于低年级小学生来说，教师更加不能生搬硬套强解诗词，只要让学生初知其意即可。所以，多种方式的诵读就是最佳方法了。因为古诗词原就是用于吟唱的，它合乎乐曲的韵律、节奏，讲究押韵、平仄的搭配以及字数的工整、均衡。因此，诵读起来也朗朗上口、铿锵有声。教师在指导学生诵读时要注意诗的节奏、韵脚和音调，恰当地表现诗中的思想感情。由于这一特点，古诗词初读就具有可猜性，教师在教学时必须予以正确的指导，初读时必须注重节奏和音律，要做到抑扬顿挫，要把握诗歌的情感基调。朗读某些诗歌音调要缓慢、轻柔，如著名诗人杨万里的《小池》，朗读时要把对初夏荷花和蜻蜓的喜爱表现出来；朗读陆游的《示儿》时，要把诗人那种至死不忘收复失地、光复中原的爱国主义精神表达出来；而《望庐山瀑布》这首诗则要用热情奔放的音调来指导学生朗读，这样才能把诗人热爱祖国大好河山的澎湃激情表现出来。这些在初读古诗时就应让学生有所感受，这样才能使学生达到意会的程度。

2. 让学生在细读中加深理解

初读是感受，细读是设置问题或引导学生发现问题，再与分析相结合，在朗读中加深理解，在理解中巩固朗读。在初读的基础上细读就能让学生充分领悟其图画美、语言美、意境美。例如，在教学高适的《别董大》时，教师可以在学生读通、读懂诗歌的基础上，引导学生进入角色，想象高适和董大分别的场面："假如你是高适，会对董大说些什么？"让两个学生分别扮演高适和董大，通过学生口语交际的形式，帮助学生进一步领会诗歌所表达的思想感情，最后引导学生进入诗境，从声情并茂的吟诵中读懂高适给予董大的慰藉中又充满着信心和力量，感受诗人激励朋友抖擞精神去奋斗、去拼搏的那种感情。在这个阶段，通过分析朗读，学生能用语言表达出对诗歌的理解。

3. 三读诗文关键词句，让学生深化理解

三读就是要求学生在理解的基础上，插上想象的翅膀，在脑海中再现诗中的具体情景，通读全诗，感悟诗情，感受诗歌的艺术力量。例如，教学《清平乐·村居》时，在这个阶段的朗读中可借助插图和分析，使学生的脑海中呈现三个儿子的不同形象。"大儿锄豆溪东，中儿正织鸡笼。最喜小儿亡赖，溪头卧剥莲蓬。"这几句虽然极为通俗易懂，但却刻画出鲜明的人物形象，描绘出耐人寻味的意境。尤其是小儿无拘无束地剥莲蓬吃的那种天真活泼的神情状貌，饶有情趣，栩栩如生，可谓神来之笔。此文中"亡赖"，谓顽皮，是爱称，并无贬义。一个"卧"字把小儿天真、活泼、顽皮的劲儿和盘托出，跃然纸上，比"坐""躺""趴"等用得更妙。

当然，读的时候也要特别注意方法。一要读得"忘情"。在把握重音、情感、节奏的基础上，尽情、尽兴地朗读，从而获得新的不同感悟。二要读出"花样"。如果一味地用某种形式读，学生会觉得枯燥乏味。例如，个人读与集体读、男生读与女生读、学生读与教师读相结合……又如，配乐朗读、表演读等，都能激活学生的思维，调动学生的朗读兴趣。另外，教师还要对学生的朗读给予恰如其分的评价，以达到激活情感的目的。除此之外，学生之间的互评也会起到互相促进的作用。

二、抓住意象，入境悟情

古诗词教学只有抓住意象这一点，唤起学生的情感体验，使学生产生移情和共鸣，让学生展开想象，由此及彼，调动自己的生活经验，再现作品中的形象，才可以入境悟情。

大部分诗词的内容都是围绕诗词中的重点词句展开的，这些词句往往是诗人思想感情的一个集中点或是全诗内容所围绕的一个中心，抓住重点词句有利于厘清思路及诗人所要表达的思想。在教学中，教师应该启发学生在字里行间寻找答案，通过对诗的词句的理解，深化对全诗的理解，体味诗情，为进入诗歌意境做好准备。

1. 点面结合

众所周知，古诗词是诗人从生活中得到感悟，从而形成的文字，这是由面到点的结晶物，如果要将这点再次还原成面，从中得到深刻的审美体验，那么唤起学生丰富的想象则显得尤为重要。例如，在教学《绝句》这首诗时，如果仅仅分析"两个黄鹂""一行白鹭""千秋雪""万里船"四个景物的描写，学生可能会认为完全是写景，其实"千秋雪"使人想到宇宙的无穷，"万里船"使人想到地域的广大，这些明媚的自然景色实际上折射的是诗人内心的感觉。

2. 再现形象

诗歌其实是以形象来说话的，读诗也就是要把握住诗人创造的形象，将其再现于自己的头脑之中。基本方法就是教师指导学生抓住关键词句，通过想象实现语言符号到形象的转化，如"泉眼无声惜细流""草色遥看近却无"等，可以要求学生用自己的语言描绘诗句表现的意象。

3. 填补丰富

古诗词是含蓄的、富有跳跃性的，诗人也往往只撷取生活中美丽的碎片加工成诗，因而要再现诗歌形象，就要求读者做必要的补充。教师要指导学生调动自己的生活知识，把一些隐含在字里行间的内容挖掘出来，把碎片还原成完整的形象。例如，"花重锦官城"为什么"花重"？"独钓寒江雪"为什么"独钓"？他在"钓"什么？理解这些内容时需要教师做调整和补充。

4. 联想深化

优秀的古诗歌都是言有尽而意无穷，意境深远。联想是由表及里、由此及彼地进行理解的一种很好的方法。

诗歌中的弦外之音可以通过联想读出来。例如，学生想象"四海无闲田"的景象后，接着引导他们联想，按常理，农夫应丰衣足食，但诗歌最后却写"农夫犹饿死"，引导学生通过对比深化思考。有些诗的分析可以直接抓住重点词句进行。例如，在教学《示儿》时，可以抓住一个"悲"字，诗人为什么而悲？你看到了怎样的悲凉画面？引导学生进入情境，产生联想，使学生对诗人至死不渝的爱国情感的领悟水到渠成。

三、拓展延伸，提升意境

古诗词产生的年代久远，古代的社会制度、生活方式、风俗习惯、语言风格等都跟现代有很大区别，加上学生阅历浅，要准确把握诗歌作品的情感，仅仅拘泥于课文必学内容是远远不够的，必须对作者的社会经历、文化教养、情趣爱好以及写作背景等相关知识有一定的了解，这样才能与诗人产生共鸣。因此，教师要形成开放的语文教学观，让作者情、学生情在拓展延伸中融合。这就要求学生学会课前收集，根据外在信息，通过自己的背景知识建构自己的知识体系。每个学生都以自己原有的经验系统对新的信息进行整理，建构自己的理解，而原有知识又因为新经验的进入而发生调整和改变。采用这种方法，教师为学生提供合适的学习导向，精心设计一些积累主题，然后学生通过各种信息渠道收集资料，从而达到培养学生收集和处理信息的能力，为古诗词的学习做铺垫。例如，在教学《元日》这首古诗时，教师应该先让学生课前去了解诗人王安石的生平以及这首诗的创作背景，还要让学生去了解诗中提到的古代老百姓过春节时有代表性的生活细节，如点燃爆竹、饮屠苏酒、换新桃符。在了解的基础上，学生才能充分感受诗中表现出来的年节的欢乐气氛和浓厚的生活气息，才能进一步体会到作者革新政治的思想感情，充满欢快及积极向上的奋发精神。

课堂交流既是对信息的整合过程，也是认识深化、情感深化的过程，学生课上互相交流、查阅资料的收获，不仅可以扩大学生的视野，增长知识，更重要的是可以培养学生收集信息、处理信息的能力，这对学生终身有益。课堂是向两头开放的，学生带着问题、信息走进课堂，一堂课上好后，学生带着许多新的问题离开课堂，课堂教学结尾变成了问号式、省略号式，这不仅仅是知识的延伸，更是情感的延续、意境的提升。

总之，优秀古诗词是小学教育的重要资源，优美的诗词、深刻的内涵、高远的意境、流传的佳句、精湛的语言，是我们取之不尽、用之不竭的宝藏。广大语文教师只有重视古诗词教学，不断充实自己，提高自己的文学素养，面对学生，研究学生，尊重学生的阅读习惯、喜好，抓住学生的兴奋点，避免盲目性、随意性，讲求有序、适度、高效，变"要我读"为"我要读"，激发学生的情感共鸣，使学生热爱古诗词，发现它的美，欣赏它的美，享受美感的体验，促进学生的发展，为他们终身的学习、生活和工作奠定基础。

让学生的习作"有米下锅"

——浅谈小学生习作的选材指导

罗定市实验小学 邹金凤

如果你问一位小学语文老师最怕教什么，我相信他肯定会毫不犹豫地说："作文！"确实如此，作为语文老师，对于这点我也深有同感。习作教学一直都是小学语文教学的重难点。我们学校曾经在三至六年级的学生当中做过一次关于习作的问卷调查。调查显示，作文水平不佳的学生普遍存在着作文兴趣不高、畏惧写作的问题。学生作文优秀率仅为10%，字迹潦草、词句不通、结构混乱、错别字多的作文超过30%，而且大部分作文从结构到内容千篇一律，假话比比皆是，作文状况不尽如人意。我发现学生不喜欢作文的主要原因是感到没东西可写，不知道怎么写，一写起作文来真的是"无米下锅"。现在的孩子接触社会、接近大自然、参与实际生活的机会并不多，他们生活在互联网科技高度发达的现代社会中，相当多的时间是在虚拟的互联网世界里度过的，各种电子产品占据了他们的大部分课余时间。而且，他们很多是独生子女，几乎都是在长辈们的呵护下成长的，许多事情都不需要自己动手就被包办代替了，这就造成了他们的生活经验不足。此外，作为学生，他们最主要的活动空间就是家庭和学校，两点一线的活动空间非常狭小。这些都会造成他们生活体验不足，实践经验缺失。因而一到写作文时便觉得没东西可写、没话可写、写不出来。学生为了交差，只好搜肠刮肚、东拼西凑。

为此，我就想：怎样才能让学生学会在众多的素材中选择合适的材料去写呢？怎样才能解决这个"无米下锅"的难题呢？下面我就自己在日常作文教学中指导学生选材这一难点问题谈谈一些做法。

一、引导学生细心观察，积累写作素材

还记得人教版教材五年级上册第六组课文的主题是：感受父母不同的爱。在学习完这个单元之后我就想：我们在这个单元中看到了父母不同方面的爱，学生在自己的生活中也应该感受过自己父母不同方式的爱，这个单元的一个小练笔也要求学生写父母不同的爱，那就试试让学生在没有老师指导的情况下去写写，看看他们会选哪些题材。后来，我把作文收上来一看，作文的选材大同小异：在自己生病的时候，妈妈送自己上医院；下雨了，妈妈给自己送雨伞；冬夜，妈妈在寒夜中给自己织毛衣；等等，都是老掉牙的题材。其实，妈妈是我们最熟悉、最亲近的人，为什么学生在写妈妈的时候却无事例可写呢？如果我们把一篇文章比作一个人，那么文章的中心就是这个人的思想灵魂，而文中的具体材料就是血肉。那么好的材料从哪里来呢？其实就来自生活中。我们每天都生活在绚丽多姿的大千世界，生活就是最好的材料宝库。写作材料正是源于对生活细致入微的观察。提到观察，有的学生认为观察就是仔细地看。其实，观察是"开放感官，感受生活"，在观察时，眼、耳、口、鼻、舌、身这些感官都要活动起来，看一看、听一听、摸一摸、闻一闻、尝一尝，这样才能提高观察的效果。经过批改之后，我决定让学生放学后先观察妈妈为自己做某一件事时的情景，如做早餐、洗衣服等生活小事，然后记录下自己那一刻的心情。第二天再重写这篇作文后，我看到学生的选材丰富了，语言生动了，感情也真挚了。其实这就说明细心观察、用心体会是小学生习作的第一步，也是关键的一步。在教学"介绍一件物品"这篇作文的时候，我预先给学生布置一个家庭作业：准备写蔬菜水果的，就到市场去买几个，回家先观察然后自己动手做，再来尝尝味道；准备写工艺品或玩具的，就把它带到课室来；准备写电器的，就在家里把电器的外形、构造认真观察一下，并把说明书带到课室来。通过这样的预习，学生对自己准备写的物品都有了初步的观察了解，为后面的写作打下了坚实的基础，这样就不会在写作文时咬烂笔头都写不出半句了。此外，教师要为学生

提供观察的条件、环境，可以是观察与玩相结合、观察与活动相结合，如游览、参观等。一旦学生具备了观察的能力，养成了观察的习惯，就会像蜜蜂采蜜一样，从生活中采集到更多、更好的写作材料了。学生一旦养成了良好的观察习惯和练笔习惯，写起作文来就不会"无米下锅"了。

二、拓宽学生思路，再现现实生活

平常学生习作总有一个要求：事例真实、感情真挚。这一要求让很多学生都犯了难：有些事情我根本没经历过，我怎样才能写得真实呢？事实上，在习作教学中，很多教师都未能开拓学生的取材思路，让他们去写自己真实的生活，因而作文时学生只好捏造事实、东搬西仿，这是很多学生取材雷同的主要原因。小学生作文就是要练习把自己看到的、听到的、想到的内容或亲身经历的事情，用恰当的语言文字表达出来。尽管小学生的生活面不怎么宽泛，生活内容不怎么丰富，但毕竟还是有所见、有所闻、有所感、有所经历的。作文时学生之所以会感到没东西可写，主要有两个原因：其一，学生没有养成积累生活经验并及时记下来的习惯。因此，在习作课堂要动笔写作时，脑子里就一片空白了。这其实是因为学生对生活中原已感知过的事物或者经历过的事情，随着空间的变化和时间的推移，除了印象特别深刻的以外，都会日趋模糊、淡忘、消失。一旦要写作就觉得脑中空荡，无物可写。其二，课堂上，教师根据作文题目指导学生取材时一般存在一个思维定式。这种思维定式有一个特点，即对作文题目中的"列举材料"和所指范围具有优先选取的心理。例如，作文要求是"我们每天都要做许多事情，请你选择其中一件难忘的事写下来，如买东西、打扫卫生、做游戏等"。多数学生一看见这些列举的事例，都会毫不犹豫地只选取"买东西、打扫卫生、做游戏"这几个要求中已经罗列的事例来写。如果这三项被别人选取了，许多学生将陷入困境，不知所措。教师往往会发现，在作文课堂上我们举了几个例子，那作文收上来之后，很多学生都会选取那几个题材去写。这说明列举材料能给学生指示取材方向，同时也能使之陷入其中不易开脱。我认为习作题目列举的事例只能作为打开学生思路的一个引子，这对尚未选取到材料的学生来说具有提醒和开导作用，而不应该是禁锢学生思维的圈套。在平常的习作教学中，我通常要求学生在选材时思考并回忆日常相关的点点滴滴，然后和同学进行交流，把自己的选材说给大家听听，也让其他同学鉴别一下他的选材是否和自己的雷同，再选定自己的题材，尽可能避免千篇一律的情况出现。另外，平时我在引导学生观察时，还要求学生动手做笔记，写观察日记，并设置一个"习作素材本"，方便学生积累写作素材，为习作建设一个内容丰富的题材库。这样，每到写作时学生就可以先翻阅一下自己的"习作素材本"，看看有没有合适的材料。

三、选材真实新颖，力求与时代同步

学生拿到一个习作文题后，在确立了主题的情况下，我们还要对材料进行筛选甄别，看看哪些材料可以用，哪些材料不可以用。小学生的作文一般要求通过生活中的真人、真事、真物如实地反映实物和思想，要有真情实感，不能胡编乱造。正是因为教师这样要求了，所以才会出现在写"父母的爱"这样的文章时，学生大多会写在自己生病的时候，妈妈送自己上医院；下雨了，妈妈给自己送雨伞；冬夜，妈妈在寒夜中给自己织毛衣等老掉牙的题材。学生能把这样的题材从小学写到中学，总是一成不变，毫无新意。其实对于"选材真实"这一要求，我的理解并不是要学生一成不变地把生活中的真人真事生搬硬套地写在作文本上，而是要取材于生活，并对其进行提炼。所以，要改变这种现状，就必须训练学生独立思考、提炼生活、分析事物、认识事物的能力。在取材上独立，要指导学生学习"人弃我取，人取我与"的方法。此外，更重要的是教给学生取材方法。对于具体作文题目的取材，学生往往取面不取点、取虚不取实、取大不取小、取表不取里、取同不取异等，写出的作文缺少个性和童趣。教给学生思维方法，使其能自主依法取材才是作文取材指导的目的。除了真实这一要求之外，还应指导学生选取一些具有浓厚的生活气息、时代气息，能给人耳目一新的感受、新的启迪的材料。例如，六年级上册有一个单元作文是写自己的小伙伴，很多学生都写了自己的小伙伴捡到一个钱包，等失主认领，这样的题材几十年如一日。有个成语叫推陈出新，然而怎样"出新"，怎样使我们的作文新鲜、有时代感、与时俱进呢？就像以上那个题材，如果我们换一下，笔下这位小伙伴捡到的是一位外国友人的钱包，找到失主后，失主称赞道："中国的小朋友真诚实可爱！"同样能给人一种新颖的感觉。即使是原来老掉牙的题材，只要

学生能转换一个角度，赋予它新的内容或变换角度来写，也可以推陈出新、与时代同步。

四、选取典型的材料，使文章生动有趣

在写作文时，围绕一个主题，学生可能会想到很多题材，可总是举棋不定，该写哪个题材好呢？教师可以教给学生两个选题原则：①舍大取小。所谓大，是指大的时间、大的场面、人的复杂的经历。尽管这些材料能表现深刻的主题，反映时代风貌，但这些材料毕竟远离生活，而且写起来篇幅会很长。所以在写作时尽量不要写这些材料，而应选取平常普通的小材料。这里所讲的小材料也不是指那些毫无意义的鸡毛蒜皮类的小事，而是能反映深刻社会意义的"小"材料。例如，写《令我感动的一件事》，有些学生会想写一些媒体报道过的、社会上热议的令人感动的事。这样的事情毕竟不是亲身经历过的，写起来很容易天马行空，不着边际。还不如让学生写一写发生在自己身边的、亲眼所见的一些小事。②去粗取精。一篇小学生的作文，由于篇幅有限，选材时面对众多材料必须去粗取精，即舍弃不能反映主题的材料，选取精要的、典型的、能反映主题的材料。例如，五年级上册第八单元的作文是"写一个场景"。我们五年级刚刚举行了一场拔河比赛，很多学生都准备写这个。但多数学生都没能抓住比赛紧张激烈的场景去写，反而用很多文字去描写老师如何选同学参加比赛、同学们怎样排队来到操场、比赛时啦啦队的表现等无关紧要的内容。为了避免这种情况出现，我认为最好是先让学生把准备写的材料列一个提纲出来，然后根据主题去选取最能表现主题的内容详写，其他的就可以略写甚至删去。

总之，材料是写作的基础，有了丰富适用的材料，学生写起作文来才会"有米下锅"，才能"熬出一锅好粥"。小学生要写好一篇文章不是一件容易的事，需要教师精心引导、长期培养，让我们共同努力去攻克这一难关吧！

在小学语文课堂中渗透心理健康教育

罗定市实验小学　邹金凤

2020年五、六月间，几则小学生跳楼的新闻触动着每一位家长和教育者的心。5月9日，一名9岁的西安女生因无法按时完成作业而选择了轻生；5月12日，广西南宁一名12岁男孩在玩手机被父亲责备的次日，从32层跳楼身亡；6月19日，长沙一名男生因被质疑考试作弊，从5楼坠下身亡；还有引起了广泛关注的缪可馨事件……为什么这些花一样年纪的孩子会选择轻生呢？近年来，许多学者进行了大量随机抽样检查，其结果表明中小学生的心理健康状况令人担忧。据新华社报道，近年来，我国学生心理疾病患病发病率呈直线上升趋势，目前已有35%的中小学生具有心理异常表现。其实，这一件件令我们痛心的事件的发生和一个个令人触目惊心的数据都在向我们说明一点：小学生的心理健康问题真的值得我们去重视了。

心理健康是指在生活中能保持积极的情绪、愉快的心境、敏锐的智力和具有适应周围环境的行为与心理状态。小学生正处于长知识、长身体、人生观形成的重要阶段，他们从幼儿园进入小学以后，就可能会面临人际关系紧张、学习困难、人格障碍、考试焦虑、神经症等方面的问题。这些都直接影响小学生的身心健康。当前，我国基础教育改革也正在由应试教育向素质教育转轨。要全面提高少年儿童的素质，就必须高度重视对他们进行心理卫生指导和心理健康教育。因此，作为小学教育工作者，我们应随时观察小学生的身心发展状况，重视小学生的心理健康教育。但是在现实中，很多教师可能还会片面地认为：对学生的心理、德育教育只是班主任在班会课上进行的辅导，与其他科任教师关系不大。实际上，我们应该在各学科教学、各项教育活动、班主任工作中，同时注重对学生心理健康的教育。因为这是心理健康教育的主要途径，也是一个行之有效的途径。在学科中渗透心理健康教育是指教师在教学中自觉地、有意识地运用心理学的理论与技术，帮助学生提高课堂学习中的认知、情感和意志水平，从而达到心理健康教育目的的教育活动。纵观小学阶段开设的多门学科，作为工具性与人文性高度统一的学科，无论是从教育目的还是从教育内容来看，语文学科在渗透心理健康教育方面都具有很大的优势。

一、充分利用小学语文学科教材中蕴藏的心理教育内容，对学生进行情感教育

情感是构成人格稳定而独特的心理因素。情感教育，即教会学生把握和表达自己的情绪情感，学会有效控制、调节和合理宣泄自己的消极情感，体察与理解别人的情绪情感，并进行相关技巧的训练。这是小学生心理健康教育的重要内容之一。在多种小学教材中，小学语文教材明显不同于品德教材，品德教材的德育渗透意图几乎是直述给学生的。单从课文标题上看，就十分明显，如《做人要正直》《热爱祖国》等。而小学语文教材的情感教育内容却深深地蕴藏在每篇文章的字里行间，都不采取直接表达的方式。在《义务教育语文课程标准（2011年版）》安排的每一册语文教材中我们可以发现，每一篇课文都是文质兼优的名家名篇，都洋溢着对祖国、对人民、对同志亲友、对大自然的深挚情谊，字里行间洋溢着或优美典雅、或清丽委婉、或崇高悲壮的美感。例如，二年级下册中的《雷锋叔叔，你在哪里》教育学生要乐于助人；三年级下册中的《我不能失信》培养学生对朋友要真诚守信的品质；五年级上册中的《慈母情深》可以让我们感受到深深的母爱；六年级下册中的《十六年前的回忆》让我们感动于先烈们忠于革命事业、在敌人面前坚贞不屈的精神以及作者对父亲的怀念之情……因此，在这些饱含深情的文字作品中，我们不能仅仅传授语文知识，而必须进行情感的传递和情感教育。

小学生的情感正处于逐渐发展时期，其情绪状态带有很大的情境性。教师要充分利用教材赋予人物的积极情感因素，引导学生感知、体会、共鸣，

让他们在潜移默化中受到感染。其实，语文课堂教学中的心理渗透不仅是教育者对受教育者的教育过程，也是受教育者自我教育的过程。良好的心理素质的形成有赖于对相应心理知识的掌握，更需要具备一定的自我心理修养能力。这样，个体才能不断调整自己的心态，保证心理健康，发挥心理潜能。因此，语文教学还应结合教材与教学，提高学生自我心理修养的能力，如调控情绪、自塑性格、主动磨炼意志等。

二、在各种语文教学形式中培养学生的心理素质，健全人格培养

学生的心理是在活动中发生发展的，而语文课堂就是非常重要的心理教育阵地。教师要精心设计每一堂语文课的教学，调动学生主动参与整个教学活动，尽可能使每个学生都有展现自我的机会，使他们的心理素质通过参与教学活动过程得到训练与提高。心理教育在语文学科的渗透，不仅表现为思想内容上的渗透，还对课堂形式等外在条件也有所要求。简言之，课堂形式对心理教育与语文学科两者的渗透效果也有很大的影响。

（一）把心理健康教育融入语文教学的各个环节

1. 巧设导语，让学生在思考中得到健康的心理体验

在教学三年级下册《我不能失信》这篇课文时，我设计了这样的导语："同学们，在上周星期六的早上，我和好朋友小A约好了要去逛街，当我准备出门时，电话铃响了，原来是我妈妈，她说等一下想来我家玩，她已经好久没见我了。这时的我可犯愁了，怎么办呢？同学们，请你们帮我想一想我该怎么办呢？"接着我让学生谈自己真实的心理感受与想法，他们有的说该去和朋友逛街，有的说该推掉和那位朋友的约会。接着我就引入了课题。在此基础上引入课文学习，既激发了学生的学习兴趣，也激发了学生学习探讨课文主人公是如何处理类似问题的，为课堂中进一步进行有关心理健康的教育打下了基础。学习结束后，我让学生说说在学习开始时我遇到的那个难题最正确的做法是什么。这时，他们都异口同声地说："去逛街，叫妈妈下次再来！"

2. 细细揣摩，让学生在读中受到教育

读是语文基本技能之一，它的形式有多种，而朗读则是理解课文内容的最好方法。在教学《慈母情深》这篇课文时，我结合课文内容抓住人物对

话，让学生揣摩人物的心理。如：

母亲大声问："你来干什么？"

"我……"

"有事快说，别耽误妈干活！"

"我……要钱。"

我本已不想说出"要钱"两字，可是竟说出来了！

"要钱干什么？"

"买书。"

"多少钱？"

"一元五角。"

在教学这些人物对话时，我让学生读后思考：这些对话表明母子俩心里是怎样想的？该怎样去读？如果当时是你处在那个环境中，你会怎样想？然后引导他们进行角色表演，感悟母子之间的真情，并趁机教育学生要珍惜亲情、感恩父母。我认为，通过这种感同身受的心理揣摩与发自内心的真诚告白，得到的心理健康教育会潜移默化在学生的心里。

3. 抓住点滴，在练说课文的训练中渗透心理健康教育

在三年级上册课文《卖火柴的小女孩》一文学习完毕后，我让学生都来说一说："假如卖火柴的小女孩没死，来到你身边，你会怎么做？"小学生的思维单纯而多样，很多学生都说把自己最好吃的东西、最美的衣服、最好玩的玩具等送给这个可怜的小女孩。接着，我又进一步提出："假如她从此就长期住在你们家里，你还会这样做吗？"这一问题提出后，刚才还侃侃而谈的学生马上不吱声了。因为对于这些独生子女来说，这无疑是一个很难处理的问题。最后，我从培养同情心、学会分享、处理好各种人际关系方面对学生进行心理教育。这样的教学就起到了很好的心理暗示作用。

（二）在多形式的语文活动中渗透心理健康教育

（1）语文学科教学中，心理教育的成功与否关键在于教育者与受教育者的心理融合程度。因此，构建和谐良好的课堂心理教育环境就显得非常重要。教师应努力营造活跃的学习气氛，注意建立平等、民主、合作的师生关系，重视师生之间那种积极、融洽的情感交流。所以，平时的口语交际课、习作课、综合性活动等课堂中，教师可以适时地对学生进行心理教育。例如，在教学二年级下册的口语交际"长大后做什么"时，教师可以先说说自己从小的愿望和为实现愿望而付出的努力，并以此引导学生从小就树立远大的理想，并且要坚持不懈地为自己的这个理想而好好学习。因为教师的亲身经历和感受对于学生来说是最有触动性的，同时让课堂的师生关系变得更加和谐融洽。

（2）挖掘语文教材中蕴藏的心理教育渗透点，陶冶学生的情操，开阔学生的视野。部编版小学语文教材的语文园地中的"日积月累"这一板块，选录了很多能够教育引导学生为人处世的好词好句。例如，三年级下册的"人心齐，泰山移"能让学生学会团结合作，"不迁怒，不贰过"能让学生学会控制自己的情绪；四年级下册的"天行健，君子以自强不息"能让学生学会做人要积极向上，不断前进；五年级上册的"夫君子之行，静以修身，俭以养德。非淡泊无以明志，非宁静无以致远"让学生学会从小就树立远大的理想，并为理想而加强自身修行。教师在教学这些经典名言时，要注重引导学生养成健康、积极向上的心理品质。其实这样的渗透点在部编版小学语文教材中还有很多，如经典的古诗词、文言文等。

（3）在课堂上可以多组织小组讨论与活动，让学生充分表达自己的观点，同时用心听取别人的意见，提倡合理分工与协作。这样不仅可以让学生学会处理人际关系中各种问题的技巧与原则，包括解决冲突，合作与竞争，学会拒绝以及尊重、支持等交往原则；还能健全学生人格，即关于个体面对社会生存压力应具备的健康人格品质，如独立性、进取心、耐挫折能力等。语文教材中的"口语交际"这一板块蕴藏着非常多的、可以利用的内容，如二年级下册的"长大后做什么""图书借阅公约"，四年级下册的"朋友相处的秘密"，五年级上册的"父母之爱"，等等。教师只要善于利用并引导教材中的心理因素，学生就一定能在潜移默化中形成良好的心理品质。

（4）在语文教学中，教师还可以举办"课前一分钟演讲""每天一句名言""今天我收获了……"以及出黑板报、手抄报等语文活动，让学生在各种公开的活动中树立信心，受到老师及同学的肯定。

（5）语文课外阅读能丰富学生的语文知识，促进学生语文能力的提高和思想品德的熏陶。积极开展内容丰富、形式多样的语文课外阅读，不仅有助于发展学生的意志性格特征，而且有助于培养学生高尚的道德情操，更能让学生了解各方面的知识，增加他们的阅历，让他们能从容应对生活的难题。教师可以结合班级中不同时期、不同学生存在的心理问题，有针对性地向学生推荐一些课外好书，让学生的心理在书海中得到健康的发展。

（三）在作文、日记、周记的批改中对学生进行心理辅导和心理健康教育

学生的作文既能检验他们掌握知识的熟练程度，也能及时反映出他们的心理状态。所以在作文批改中，教师应该随时注意各种苗头，及时加以引导、纠正，并不失时机地进行心理教育，这样会起到意想不到的效果。教师在学生作文的评语里恰当地应用一些"悄悄话"，能在思想上更好、更深刻地启迪、引导学生，使他们的身心更健康地成长。例如，有一位学生的学习成绩很差，经常不完成作业，他在一次《老师，我想对你说》的作文中说："老师，其实我也想像那些成绩好的同学一样得到你的表扬，但是有几次我把手举得很高你都没有叫我。每次考试成绩差了，回家后妈妈都会骂我。老师，其实我学习那么差自己也很不开心的。老师，我该怎么办呢？"读了他的作文后，我的心被深深地震撼了。在评语中，我先承认了自己对他的疏忽并承诺以后会多提问他，接着我写了很多鼓励他的话。以后，我就在每周的周记中耐心地与他进行书面交流，了解他内心的苦恼和思想的变化，进而对症下药，做深入的心理疏导，以使他重新振作起来。事实证明，利用作文、日记、周记评语对学生进行心理健康教育效果很显著，既能把握学生的思想动态、稳定学生情绪，又能融洽师生关系。

总之，将心理健康教育的内容融入语文学科教学之中，通过二者的有机结合，让学生在掌握学科知识的过程中接受心理健康教育，这是一种行之有效的好方法。教师要善于挖掘教材中的心理教育素材，重视课文中人物的心理健康因素，充分调动学生的情感，在丰富多彩的语文课堂中潜移默化地培养学生的健全人格和优秀品质。

在拼音教学中提高学生的语文素养

云浮市邓发小学　宋志华

新课程改革已经实行了好几年，作为教师的我的确感受到了它给教育教学带来的影响。最为突出而正面的是把语文能力改为了语文素养。何谓语文素养？语文素养是一种以语文能力为核心的综合素质，其要素包括语文知识、语言积累、语文能力、语文学习方法和习惯以及思维能力、人文能力等。在任教小学中高年级时，我特别强调阅读和积累。但在担任小学低年级语文教学任务以后，我发觉汉语拼音才是识字的基础，它既是学生学习阅读、写作的前提条件，也是学好语文最为基础和最重要的部分。下面我就谈谈在小学低年级如何指导学生学习汉语拼音，从而提高语文素养。

一、结合想象，联系实际，因材施教

我记得苏联教育家苏霍姆林斯基说过："儿童是用形象、色彩、声音来思维的。"所以，教师在进行拼音教学时必须符合学生的心理发展特点，结合课本因材施教。而每课拼音都有以下两大特点：一是有形象逼真的插图；二是有欢快的小歌谣和顺口溜。作为教师要懂得运用这些资源，激发学生的学习兴趣。让学生从自己身边的环境中加深对拼音字母的认识、理解。例如，可以让学生先观察拼音字母的样子和读音，然后和学生一起归纳一些儿歌或者口诀来认识它们。例如，以便识记字形的：像个气球qqq，春蚕吐丝sss等；帮助记忆读音的：张大嘴巴aaa，圆圆嘴巴ooo，扁扁嘴巴eee等；帮助记忆拼写规则的：小ü看见jqx，摘掉眼镜还读ü；帮助记忆标调规则的：有a找a，没a找oe，iu并排标在后。

二、多张嘴读，多动脑筋想，多做练习

一年级的学生记忆力强，但遗忘的速度也快，要怎样将短时记忆变成长期记忆呢？我总结的方法有以下几种：①多张嘴读。古人云："书读百遍，其义自见。"这就告诉我们张嘴读书的好处。我在教学过程中充分利用早读、课前诵读等这些宝贵时间开展"我是读书小能手"的比赛，并且准备多种小贴纸奖励。②多动脑筋想。在教师编儿歌的基础上鼓励学生自己编造儿歌。学生在教师的引导下能根据插图编，如"小朋友来摸人，摸到两个门洞mmm"。这样编故事式的教学不仅让学生对拼音字母产生了浓厚的兴趣，而且可以锻炼学生的口语表达能力。③多做练习。我根据学生年龄小、爱玩、喜欢表演、记忆力强的特点，把平时枯燥无味、机械性的复习巩固方法换成"找队友""摘红花""送苹果""我是邮递员""登顶比赛"等游戏，让学生多读、多拼，既能纠正他们的发音，又能丰富生活方面的知识。

三、多阅读，看图对照课文，动手实践领会学习方法

很多人觉得在小学低年级开展阅读教学比较难，我认为教师要落实以读为主，为了避免学生产生厌学情绪，我采取灵活多样的朗读训练方式，如男女比赛读、分小组读、个别领读等，有效地激发学生兴趣。我在设计安排教学活动时有意识地进行动脑、动口、动手训练，尤其是注重让学生动手画画、动手做做。这样的教学方式有利于唤起学生主动参与的欲望，常常能获得意想不到的效果。小学低年级课文大都配有形象、生动、活泼的插图，并且大部分插图都包含声情并茂的故事情节。教学中教师要充分利用课文中的插图，让学生先看图，说说图上画的是什么，讲了一个怎样的故事，然后读课文。针对小学低年级学生活泼好动、模仿能力强的特点，在阅读教学中可以让学生模仿人物的神态、动作，表演课文内容，这样有助于学生准确理解词句，加深其对课文内容的理解。根据课文的需要，在充分朗读的基础上，可以适时指导学生在特定的情境中进行角色表演，使枯燥的语言文字内化为学生自己的语言。

四、保持家校联系沟通，实现共同教育

家庭教育对于学生的发展具有重要的作用，特别是小学低年级学生，最重要的是学习习惯的养成教育。学生不仅要在学校里能认真学习，更重要的是在家里能自觉学习。在学校中，教师传授学生学习方法，培养学生方方面面的综合能力。当学生回到家后，家长要积极配合教师的工作，培养学生养成良好的学习习惯，学校与家庭携手并进，这种系统的教育工作有助于健全学生的人格，提高学生的学习效率。所以在拼音教学过程中，我要求家长和孩子要共同完成部分家庭作业。除了要求孩子多读以外，更强调亲子阅读。什么是亲子阅读？亲子阅读就是让家长和孩子共同阅读带拼音的小故事。在广东，可能很多家长忘记了拼音是怎么读的，但家长会认字，孩子会拼音。两者结合不仅使孩子巩固了拼音、认识了汉字，还增进了家长与孩子之间的情感交流，一举三得。通过与家长的沟通和配合，孩子们的拼读能力、认识汉字能力、口语表达能力都有了显著的提高。例如，我们班的小阳、小栋的家长在试了这种亲子阅读模式后，专门打来电话向我表示感谢。因为他们的孩子都从原来的厌学、回家不愿读书转变为现在主动积极地读书、讲故事。所以，教师要充分利用好家庭教育这一良好平台，抓住机会让学生学习。

拼音教学是语文教学的基础，教师要多想办法激发学生的学习兴趣，让学生在拼音的海洋里快乐学习，为认识汉字打下基础，同时为提高语文素养创造条件。

讲汉字故事，强文化自信，育时代新人

罗定职业技术学院　何玉兰

一、唱汉字，传递中国好声音

"一横长城长，一竖字铿锵，一画蝶成双，一撇鹊桥上，一勾游江南，一点茉莉香。"这是国家一级演员谭晶演唱的《龙文》里的歌词，词中有汉字的基本笔画"横、竖、撇、点、折"，有与汉字笔画形神兼具的中国传统文化标签——堪称世界建筑奇观和古代国防奇观的万里长城，梁山伯与祝英台化蝶成双的凄美爱情，银河鹊桥上牛郎织女幸福相拥，上有天堂下有苏杭的江南美景，浸润江南香气的中国茉莉花茶。歌词古色古香，意境悠远，而汉字笔画给人们触目可视的诗情画意，展示出悠远绵长而博大精深的中国文化……

"我们中国的汉字/落笔成画留下五千年的历史/让世界都认识你/我们中国的汉字/一撇一捺都是故事……"90后陈柯宇自创《生僻字》，不仅让世人惊叹汉字为中国五千年不断层文化做出的贡献，让世人惊叹汉字文化的久远，也为年轻的90后对汉字独到而深邃的认识感到欣慰，汉字文化的传承大有人在。

"最爱说的话呀永远是中国话，字正腔圆落地有声说话最算话，最爱写的字是先生教的方块字，横平竖直堂堂正正做人也像它。"歌手谢晓东演唱的《中国娃》让听者能真真切切地感受到中国话、中国字蕴含的中华民族坦荡、正直、善良、坚韧、担当、负责的优良品德，汉字文化已然浸染在中国娃的血液中、骨髓里。

活跃课堂，启迪少年，以传唱的方式传播汉字文化，传递中国好声音，让中国优秀传统文化永远流传，生生不息，万古流芳，这是教育工作者的时代使命。

二、赞汉字，激发民族自豪感

汉字对世界的贡献巨大，有学者称，汉字是中国古代的第五大发明。饶宗颐先生说："造成中华文化核心的是汉字，而且成为中国精神文明的旗帜。"汉字是中华文化的核心，是东方文明的象征。法国汉学家汪德迈说，汉字萌生于中国，而通用于四邻。印度前总理尼赫鲁·甘地赞叹道："世界上有一个伟大的国家，她的每一个字都是一首优美的诗、一幅美丽的画，这个国家就是中国。"

著名诗人余光中先生在《听听那冷雨》中写道："杏花，春雨，江南。六个方块字，一个方块字是一个天地。譬如凭空写一个'雨'字，点点滴滴，滂滂沱沱，淅淅沥沥，一切云情雨意，就宛然其中了。"显然，余先生眼里的汉字充满着绵绵的诗情画意，令人感动。

语文教师要充分利用好教师的身份，利用好课堂，将汉字文化、中国优秀传统文化的传承贯穿教学全过程，教育每一个学生，对汉字有一种敬畏感、一种崇敬感，激发小学生的民族自豪感。

三、讲汉字，让中国字入脑入心

语文课堂是传承汉字文化的主阵地，语文教师是传承汉字文化的生力军，讲好汉字故事是教育工作者神圣的使命。

1. 熟悉义务教育阶段识字教学目标要求

语文教师要深知，小学语文识字教学是小学生的启蒙之学，是引导小学生认识汉字、喜欢汉字进而喜欢汉字文化的重要环节，最终让汉字教学与中国优秀传统文化一同扎根课堂，深植学生内心，形成真挚而深厚的爱国情感和民族情怀。

《义务教育语文课程标准（2011年版）》对识字教学有明确的目标要求：一、二年级的学生要喜欢学习汉字，有主动识字写字的愿望，能够独立识字；三、四年级的学生要对汉字有浓厚的兴趣，能养成主动识字的习惯，并且掌握检字查词的方法；五、六年级的学生要有喜欢识字的意愿，能掌握独立识字的能力。

北京师范大学汉字与中文信息处理研究所所长王宁教授认为，识字教学的最终目标是：积累一定数量的汉字，达到形音义全面把握；在符合汉字表意性、构形系统性的教学方法强化下，产生掌握汉字的科学方法，以达到不教而终身识字；在对汉字有正确认识的前提下，强化民族文化意识，增进爱国主义情操。

综上，识字教学不但必须遵循汉字构形规律，而且要使学习者掌握汉字学习方法，产生汉字学习兴趣，形成汉字学习能力，感受汉字魅力，增强文化自信。

2. 讲透汉字形、音、义

汉字是形、音、义的统一体。形，就是汉字的形体，汉字是方块字，字形方方正正，不偏不倚，结构稳健。音，就是汉字的读音，汉字是世间少有的声调文字，四个声调，阴阳上去，抑扬顿挫，音韵和谐，婉转悦耳；另外，汉字形声字占绝对优势，形声字的声符有表音作用，讲汉字就要讲好形声字的形符与声符。义，就是汉字蕴含的意义，既有汉字的概念义，又有汉字的文化义。

鲁迅先生在《汉文学史纲要》中高度评价了汉字形、音、义之美，他说："汉字具三美，意美以感心，一也；音美以感耳，二也；形美以感目，三也。"

小学识字教学，语文教师不能不讲汉字的形、音、义。

汉字是表意文字，其特点就是观字形能知字义，字形示义，义寓形中。而每个汉字都带有丰富的文化内涵，这种文化内涵对今天少年儿童三观的形成和高雅审美情趣的养成都有着积极的指导意义。

例如，"信"，从字形看，它由"人""言"构成，表示人说话要可靠、诚实，所说的话值得别人信任。所谓"一诺千金""一言九鼎""君子一言，驷马难追"等，道出了"人言"可信的分量。

再如，讲到岳母刺字"精忠报国"中的"国"。国，其繁体字为"國"，是会意字，从口从或。口读wéi，形象字，表示疆域；或，是会意字，从口从戈以守一，"一"表示土地。一个"国"（國）字，就包含了一个国家的要素，领土完整，人民当家作主，不受外来侵犯，维护国家的主权完整。报国，就是保卫自己的国家。一个"国"字，就是对学生进行爱国主义教育的绝好题材。

3. 巧教妙解形声字

小学语文课本形声字占比最大，形声字声符具有表音作用，在小学识字教学中，教师可利用这个特点巧教妙解形声字，以达到既识字又怡情的效果。

例如，以"包"作声符的形声字有抱、饱、跑、泡、炮、袍等，这些字同音或近音，教师可以编写一段有趣的话，把这些字串联起来，变成情景剧的场景。

小"包"找朋友：食来就饱，伸手要抱，加水泡澡，取衣作袍，点火放炮，添足想跑。

这是一段非常富有生活情趣的话语，在学习过程中，教师可以安排小学生来表演，在游戏表演中学习汉字，让学生喜欢学汉字并且爱上汉字，让学生感受汉字构形的特点和博大精深的汉字文化。

4. 巧辨"双胞胎"偏旁

这里说的"双胞胎"偏旁，就是形近偏旁，也包括形近部首。形近偏旁是小学生识字写字的"拦路虎"，教师要想方设法地帮助他们消灭"拦路虎"。偏旁部首大多是独体字隶变而来，字义很明确。

例如，"礻"与"衤"。

"礻"即"示"，本义是指"神事"，表示"祭祀"，告示与人，现在有"指示""明示""告示"等词，意思就是"告诉别人……事"。用"礻""示"作偏旁时，表达的意义与祭祀、礼仪、鬼神、祸福有关，带"礻"（示）的字有祖、宗、祭、崇、神、社、祈、祷、祸、福等，这些字表达的意义都与"神事"有关。通过这些字的学习，学生了解了中国古代祭祀文化。在古代科技不发达、生产力水平低下的情况下，人们信奉天地、鬼神、祖先，产生了各种崇拜祭祀活动，拜天地、祭神明，祈求神明和祖先保佑风调雨顺，祈祷降福免灾。现在，人们越来越重视传统节日，如清明节祭拜先祖，慎终追远，这是对传统祭祀文化的继承。

"衤"即"衣"，与"衣裳"有关，带"衤"（衣）的字有领、袖、衬、衫、被、袜、裤等。衣食住行是人们最基本的生活资料，所以取"衣"作偏旁的字是很多的。

"礻"与"衤"仅一点之差，对小学生来讲，却是个难点，但是教师只要抓住它们各自的本字"示""衣"，讲清楚两字的意义，就很好区分了。

再如，"廴"与"辶"。

廴，音yǐn，即"引"字，意为"开弓"。现作偏旁，称为"建之旁"，部首"廴"实际是将"引"左边的"丨"架到了"弓"上，有"箭在弦上，拉弓射箭"的意思，引申出"延长""建立"等意义。"廴"（建之旁）的字，现代汉字中仅三个，就是廷、延、建。

辶，音chuò，由"辵"字隶变而来，与走路有关。现作偏旁，称为"走之旁"。带"辶"的字很多，如送、达、过、进、远、近、迫、迅、速等。

因为带"廴"（建之旁）的字只有三个，小学生要记住"廷、延、建"三个字应该不难，那么他们在写带"廴"或带"辶"的字时就不会错了。

另外，"四"与"罒"，也是容易混淆的两个偏旁。

四，是指事字，与数字有关，在合体字中不作部首，一般作形声字的声符，现代汉字仅有两个字是"四"作声符的字：泗、驷（同驾一辆车的四匹马），容易记住。

罒，是象形字，读wǎng，小学语文教材中称之为"四字头"，实际上它是"网"的异体字，可能称"网字头"更合适，因为它一般作形声字的形符（意符），意义与"网"或网的功能有关。例如，罗（羅），意思是捕鸟的网，成语"门可罗雀"中的"罗"，意思是用网捕鸟。其他带"罒"的字，如罩、罪、罚、置、羁等，均带有与网有关的意义，它与表示数字的"四"毫无关系，仅仅是字形有点像。

通过带"罒"字的学习，教师可以引导学生了解古代先民的渔猎生活，这种渔猎方式为中华文明的进步做出了巨大的贡献。

5. 关注汉字音义的动态变化，感受汉语的包容性

中国改革开放的大门向世界敞开，繁荣了经济，活跃了文化。一些外来词适时地出现在汉语交流中。为了使汉字的读音更加接近音译外来词的发音，根据语言交际市场的实际，国家有关部门及时调整了某些汉字的读音。

例如，"拜"，一直以来都读bài，是会意字，意思是跪拜、作揖。在

《现代汉语词典》（第7版）中，"拜"增加了一个读音bái，是为配合音译外来词bye的发音。【拜】bái动词，也叫作"拜拜"［英bye］。词典中的【拜拜】bái bái，有两个意义：一是"再见"；二是"指结束某种关系"。

再如，"的"，是多音多义字，原来有三个读音：de、dí、dì，《现代汉语词典》（第7版）新增读音dī，单列词条【的】，音dī，意思是"的士"，也泛指运营用的车。可组"的哥""的姐""摩的"等词语。【的士】dīshì，名词，小型载客出租车［英taxi］。

【拜】bái、【拜拜】bái bái，【的】dī、【的士】dīshì，都是音译外来词进入汉语中，与汉语可谓水乳交融，丰富了现代汉语语汇。这种水乳交融充分体现了汉语的包容性，也体现了中华民族的博大胸襟，可以说是我们国家倡导构建人类命运共同体的具体行动。

6. 与时俱进的汉字解读

随着时代的进步，新事物、新现象带来新认识，对汉字字形的分析与理解也与时俱进，这充分体现了汉语汉字超强的适应性。

例如，"囧"字被誉为"21世纪网上最牛的汉字"，"是古老文化与现代互联网的完美对接"。实际上，"囧"古已有之，象形字，表示窗户明亮的意思。到了现代，人们对"囧"赋予了新的解读：外面的"口"代表人的脑袋，里面的"八"代表眉眼，小"口"则代表嘴。低垂的眉眼、张开的嘴巴，构成了"囧"天然的表情功能。这样的表情可以表达惊诧、哭笑不得、郁闷等多种不可言说、不便言说、不想言说的情绪，表现出现代人节奏快、压力大的生活状态。

再如，"武"，会意字，从止从戈，持戈前行，意思就是动武、准备作战，这是造字之初的意义。但是，对于新时代追求和平的人们来说，"武"字有了新的理解。2019年10月18日，世界军人奥运会在武汉开幕，主题是"创军人荣耀，筑世界和平"，武汉市市长在开幕式上对"武汉"的"武"解释为"止戈为武"，意思是停止武力，构筑世界和平。

四、结语

2020年六一儿童节前夕，习近平总书记寄语广大少年儿童——刻苦学习知识，坚定理想信念，磨炼坚强意志，锻炼强健体魄，为实现中华民族伟大复兴的中国梦时刻准备着。强调当代中国少年儿童既是实现第一个百年奋斗目标的经历者、见证者，更是实现第二个百年奋斗目标、建设社会主义现代化强国的生力军。

作为语文教师，要积极发挥课堂主阵地作用，努力发掘课程育人功能，讲好汉字故事，增强文化自信，培养担当民族复兴大任的时代新人。

浅谈小学"互联网+课外阅读"教学新模式

都城镇锦江小学　冯桂芳

在互联网普遍应用的今天，学生应该学会利用互联网去学习、去阅读。教师应该善于引导学生利用互联网平台中广博的知识提升自己的课外阅读能力，充分合理地利用互联网资源努力拓宽自己的知识层面。众所周知，课本教材知识只是浮于表面的冰山一角，更深奥、更丰富的知识还有待学生在课外自行获得，自我学习思考，因此，在"互联网+"模式发展如火如荼的当今，教师更应该注重培养学生利用互联网方便快捷地获取更多课外阅读知识的能力。

一、"互联网+课外阅读"教学模式概念的提出背景

基于"互联网+"的小学课外阅读是一种更加新颖的阅读模式，它能激发学生的阅读兴趣，同时它大量的无边无际的知识开阔了学生的眼界，增强了学生的阅读能力，让学生的课外阅读生活变得更加丰富多彩。总而言之，教师要善于引导学生利用互联网平台进行课外阅读和思考，在如火如荼的"互联网+"模式下收获更多的知识财富，丰富完善自己的知识体系，为自己未来更全面的发展打下基础。

在这个信息化的社会中，知识以几何的方式增长着，人们接收信息的途径从未像今天这么广。语文学习除了书面文本、口头文本之外，还有"媒体文本"；除了书面语言、口头语言之外，还有网络语言、视像语言；除了我们通常所说的听、说、读、写的能力之外，"视"的能力也成为一个重要方面。网络阅读的开放性、丰富性和互动性等特点更为课外阅读提供了巨量

的阅读资源。它的兴起和盛行似乎是一个不可逆转的趋势，传统纸质阅读与新兴网络阅读间的碰撞摩擦在所难免。少了青灯黄卷，少了书香墨痕，这种阅读方式的改变并不可怕。网络阅读侧重于形象思维，它具有快餐式、浏览式、随意性、跳跃性、碎片化等特征。虽然浅阅读也存在于传统阅读之中，但是它的问题在网络阅读中更加明显突出。一系列问题拷问着我国基础教育，同时也使母语教育研究比以往任何时期都显得轰轰烈烈。

二、"互联网+课外阅读"新模式方法探究

1. 积极培养小学生的课外阅读兴趣，利用互联网平台去阅读

小学生学习压力相对而言较小，因而他们会有更多的课外时间可以自由利用。教师首先要做到在教学过程中（课堂中）积极培养学生课外阅读兴趣，让学生爱上阅读，认识到自己知识层面狭窄，利用充足的课外时间去阅读，去开阔自己的眼界与思维。在互联网与社会生活融合得如此紧密的今天，学生要善于利用互联网，将互联网平台与传统阅读方式结合起来。教师在授课环节应多多运用互联网技术，把抽象的文字内容转化成生动、形象、可视的真实场景，让学生如临其境，充分感受语言文字的魅力，感受互联网技术的奇妙，让学生对阅读、对互联网平台产生浓厚的兴趣。

例如，教师在讲解《小池》一诗的过程中，可以让学生观看这首诗的动画场景，利用从互联网上收集的荷花图片等，让学生感受到清晨小荷初露尖尖角，蜻蜓立于尖角上的清新自然的图景，体味诗人用词的生动活泼，让学生脑海中有场景，增强对《小池》一诗的理解。同时，教师可以布置课后阅读作业，让学生利用互联网去收集关于描写荷花或者蜻蜓的诗词，分析一下找出每首诗的风格特点，并做好整理归纳以备课堂上展示。教师要引导学生使用互联网，培养学生的课外阅读兴趣。

2. 利用App、公众号等互联网工具，培养学生阅读综合能力

阅读能力包括听、说、读、写、看等方面，现在也有许多App或者公众号都是与阅读或者写作相关联的，教师要多寻找制作优良、对学生有所帮助的App或者公众号，在课堂上推荐给学生，让学生在课下多看看里面的内容，合理利用互联网，不要把时间都耗费在无意义的事情上。很多公众号都设有投稿渠道，教师应该积极鼓励学生写作，并大胆地尝试将自己的作品投稿，在

写作过程中让学生认识到自己的不足，更主动地去探求更多的知识来开阔眼界，提升自己的综合能力，优化自己的阅读体验，掌握更多的学习技能，逐步完善自我，在互联网的海洋中去汲取有益的知识，丰富头脑。同时，教师还要注意引导学生分辨互联网平台中的精华和糟粕，取其精华，去其糟粕，让学生合理利用互联网工具，探索未知的知识世界，逐步增强自己的综合能力，会听、会说、会读、会写、会看，拒绝机械式读书，使自己得到更全面的发展。

3. 做好课外阅读笔记的整理归纳

俗话说得好："好记性不如烂笔头。"一目十行、走马观花式的阅读终究不会对能力的提高有所帮助，学生往往会犯眼高手低的错误，高估自己的记忆力。因此，教师要特别注意强调课后阅读笔记的整理归纳，可以让学生把自己课后自由阅读的内容分门别类地进行整理，如把写景的优美语篇段落整理在一个大纲里，在这个写景大纲下面还可以细分春景、夏景、秋景、冬景等一系列不同的景物内容。如果学生时间不充分，可以让他们去搜索互联网资源进行复制粘贴，再打印出来，用不同颜色的笔进行细致的标注。教师可以两周或者几天抽查一次学生阅读笔记的整理状况，要求学生绝不能敷衍，不能随意摘抄一些毫无营养的文字段落来滥竽充数，教师要认真细心地对学生阅读笔记整理情况做出准确的评价，逐步让学生养成整理归纳的好习惯，主动整理归纳课外丰富多彩的知识。

4. 努力营造良好的课外阅读氛围

良好的课外阅读氛围可以更好地帮助学生探索更多有益的课外知识。教师要努力创建课外阅读环境，互联网中的知识量是巨大的，而且信息的更新速度是以秒为计算单位的。作为学生，更应该掌握与时俱进的新知识来提升自己的阅读学习能力，抛开了纸质图书资源的局限性，让学生利用互联网去搜索更多、更新鲜的知识。

总之，"互联网+课外阅读"模式的前景一片辉煌，给学生、教师、学校甚至课外阅读本身都带来了不可估量的益处。对学生来讲，实现"互联网+课外阅读"模式，从最为功利的角度来说，能完成课标要求，有助于提高学生语文成绩；深远考虑，该模式能够扩充学生的知识面，提高学生的基本素质，最终实现学生的多方面发展。学生书读得多了，知识面广了，涉猎了更多的知识和内容；就教师而言，"士别三日当刮目相看"，对学生的认识要改变，同时要提升自身的水平，以适应学生的发展。学校可以组织更多的阅读活动，提高学生的能力，营造良好的文化氛围，使学生的阅读面更为广阔。

参考文献

［1］杨慧敏.基于"互联网+"小学生课外阅读的实践［J］.教育信息技术，2018（4）：17-19.

［2］刘吉才.浅谈"互联网+"背景下的阅读教学［J］.课程教学研究，2016（1）：65-66.

浅谈小学作文评语的有效性

罗城城中小学　陈 锐

作文评语是什么？我认为，作文评语是教师对学生写作时的引导、鼓励；作文评语是指出学生文章上的一些漏洞和优点，使他们对写作更有信心。特别是小学生，他们的写作才刚刚起步，需要教师的指引，作文评语这时就起着重要作用。中肯的作文评语不但能够让学生认清自己有待提高的方面，还能提高学生写作的兴趣，使学生树立今后作文的信心与方向。

关于小学作文评语的有效性，我做了以下几个方面的调查研究。

一、小学教师作文评语的现状

教师有效的作文评语可以让学生正确地认识到自己作文中的优缺点，扬长避短，并且不断改善和提高。但目前来看，很多小学语文教师的作文评语存在不少问题，如教师的用语不够规范，评语的内容表述不明了，评价过于否定，评语过于简单化和模式化。

（一）教师的用语不够规范

小学生开始学习语文，需要教师的正确引导。教师的规范用语对学生写作文起着重要作用。如果教师的用语不够规范，很容易误导学生，主要表现为以下四点：一是错别字较多，把难写字简化，"的、地、得"乱用，如"文章写的很详细，语句不太通顺"。二是标点符号用得不正确，如"文章写得很精彩。使人难忘"。三是评语存在语病，如"结尾感觉写得不够完整"。四是教师的字迹潦草，小学生难以辨认。教师是小学生学习和模仿的对象，如果自身的用语都不规范，不但误人子弟，而且难以令学生信服。

（二）评语的内容表达不明了

有一些教师写的评语过于笼统，如"内容不够详细，语句不通顺"等。学生看了评语也不知道如何去修改，也无法明确自己作文中的哪一点存在问题，总是看到这样的作文评语，学生久而久之就会对写作失去兴趣。学生对写作失去了兴趣，无论教师如何费力去抓这项工作也无济于事。

（三）评价过于否定

小学生的写作刚刚起步，需要教师的鼓励与肯定。教师的作文评语应该具有全面、评定、指导的特点。在学生作文的评语中，对学生写得好的地方，教师要积极地给予肯定；对学生写得有所欠缺的地方，教师要及时地提醒，这个提醒是有一定技巧的，关键是要换种表达方式，如"通过你自己的努力，你的作文水平有了很大的进步。如果这里这样改……就更好了"。这是鼓励式的评语，既提高了学生的写作兴趣，也指导了学生如何去修改，还让学生在自信、自主的环境中写作。

（四）评语过于简单化和模式化

要知道，作文评语不是学生写作的最后环节，评语是教师与学生之间沟通的一座桥梁，是引导学生认识自己文章、提高自己写作水平、丰富自己情感的一盏明灯。然而我发现，在教师评语中，如"中心明确，语句通顺，结构完整，描写具体"等模式化的评语占大半比例，甚至只是给学生一个简单的"查"字。学生写好了作文，满心欢喜地等待表扬，结果却是教师的一个敷衍，他们在情感上受到了挫伤，写作的积极性大打折扣。

二、造成作文评语现状的原因

（一）教师不重视作文评语

文成于思，文成于改。修改本是学生自己的事，但如何去修改又是教师的事。要让学生学会修改自己的作文，这种能力是学生在不断的训练中逐渐形成的。而教师给予学生的作文评语起着非常重要的作用。所以，教师要重视作文的批改评语；要对学生的写作做出热情的回应；要记住自己的每句评语都直接影响着学生作文的心理；要牢记自己身上肩负的责任。

（二）评语知识的缺失

当前的小学生普遍害怕写作文，每次习作都胡乱写来或者抄袭交来。教师对于这些极好和极差的作文不知用什么评语，就随便写两句批语，学生也是轻描淡写地翻看一下就搁置一边，作文评语并没有起到指导和帮助作用。这时候，教师要深思：我们是否在评语知识方面有所缺失？提高自身素质，写出好的、中肯的评语，是教师对自己的严格要求。

（三）教学批改任务繁重

我发现，很多小学教师都不愿意教语文，这是什么原因呢？首先，小学语文相对其他学科来说，教学环节较多、涉及面广，对于教师的要求更高。其次，小学语文教师的作业批改任务繁重，如作业本设置就有以下几种：拼音本、生字本、综合作业本、课后本、抄写本、听写本、作文本……尤其是作文的批改更是费神。一个班有50个学生，除了上课，改完一个班的作文最快得两天。语文教师大多担任班主任，这可能与语文课可以经常对学生进行思想教育有关吧。班主任除了每天的教学任务外，还得处理班上的各种繁杂事务，所以，教师往往有心无力。

三、写好作文评语的策略

作文批改是作文教学的重要环节。多年来，我立足于学生人文情怀的熏陶和师生情感的交流，通过写作文评语，对学生动之以情、晓之以理，让学生在不知不觉中感受语文、享受写作。我梳理了一下，写好小学作文评语应遵循以下原则。

（一）评语中有尊重，以鼓励为主

学生写作文，教师评作文，这是一个互动的过程。古人云："数子十过，不如奖其一长。"为了让学生热爱写作，教师要尊重学生。教师要以平等、欣赏的心态去看待学生的写作，以一个耐心的读者的身份去倾听学生的心声，分享他的喜悦和忧伤，如"我们把结尾这样改一下好不好""老师相信你下一次能把作文写得更好"等。这些具有尊重性的作文评语会给学生带来惊喜，会给学生带来心灵的触动，会给学生带来写作上的鼓励。在学生积极表达和教师用心评价的过程中，学生开阔了视野，提高了写作水平；同时教师也丰富了自己的人生体验和教育感悟，体现了自己的人生价值，这就是尊重评语带给师生的不可比拟的收获。

（二）评语要有针对性，避免模式化

近年来，种种原因使得作文评语趋于固定化、模式化，如"文章内容具体，语句通顺""生动形象，真实感人""结尾不完整""书写潦草"……这样的评语不仅枯燥生硬，不能引起学生的共鸣，而且评语抽象模糊，学生似懂非懂，达不到教师评语的引导作用。如果教师总是写这样的评语，千篇一律，学生当然会出现审美疲劳。

要知道，每个学生都是不同的个体，他们存在着个体差异。他们对生活的领悟不同，语言的表达能力也不同，所以，作文的水平会呈现出一定的差异。面对这样的教育事实，教师给学生的作文评语也要有针对性，要用"差异美"的目光来评价学生的作文，在此基础上给予学生富有个性化的评语和因材施教的引导，定能收到良好的效果。

（三）评文与评人相结合

作文评语不能只为作文而评，应该关注作文评语的知识性、技术性、艺术性，更应该关注评语的德育效应。学生在作文中表现出来的不良行为习惯，如攀比、浪费、自私、懒惰、迷恋网络游戏等，教师要在评语中给予指正、引导，以利于学生的身心健康成长，对学生树立正确的人生观、价值观起到良好的导向作用。所以，我们要利用好作文评语这个交流平台，尽为人师、为人友的职责。

（四）评语的文面要规范，学生才看得懂

很多时候，教师由于工作繁忙，或者认为就算精批细改，学生也未必认真去读，所以，在写评语时力求简短。信手拈来，学生要么看不懂，要么不知如何去修改。这样的评语怎能调动学生写作的积极性呢？

1. 评语要有点幽默

一句幽默的评语不仅可以创造愉快的学习环境，而且可以起到发人深省的作用，如"句号瞪起了圆圆的眼睛，逗号笑弯了腰，引号双双挑起了眉毛，叹号流着鼻涕抗议：小主人，你怎么能忽视我在文中的作用呢？"这样的评语给在文中乱用标点符号的学生留下了深刻的印象，文面既幽默又看得懂。

2. 评语要有点文采

教师要求学生作文语言生动、具有吸引力，那么自己更应该在评语中为学生做出表率并潜移默化地影响学生。一位学生在习作中写得离题，教师

给了这样的评语"离题万里，乱写一通，不如不写"，硬邦邦的语言大大地打击了学生的写作积极性，甚至使学生心灰意冷。如果改成这样的评语："'不积跬步，无以至千里；不积细流，无以成江海。'你的作文虽然像涓涓细流，但它流错了方向哦！"学生知道自己审错了题、写偏了内容，以后就不再犯同样的错误。给学生写评语，教师可以尝试用第二人称亲切的称谓，用诗化的、散文般的风格向学生传达柔柔的春风、融融的阳光。

3. 评语要有爱心

学生作文是学生情感的流露，教师的评语要让学生感受到爱心。对于作文写得好的学生，教师要充分表达赞美，用欣赏的目光看待他们的作文；对于作文写得不好的学生，教师也要用爱心感受学生作文透露出的那份纯洁、天真的美，用鼓励、委婉的语言指出学生作文上的缺点，如"如果这样写也许会更好"。例如，我遇到过一位学生抄袭作文，我给他的评语是："文章很优美，说明你有一定的审美能力，我可以把它推荐给同学们吗？"这位学生向我说明了情况，我告诉他写作文是一个长期的过程，在这个过程中要努力，作文水平才能有所提高。

4. 评语要有一定的启发性

通过启发性的评语，教给学生解决问题的途径与方法，从而促进学生提高写作水平。小学生写作文有点缺点、毛病很正常，我们不能用作家的标准来评价学生的作文，必须一点一滴地启发学生去写作文。写给学生的作文评语就起着引导和启发的作用。一个三年级的学生写《我的书包》，前面写的都是套话，最后才写了一句发自内心的话："我最喜欢书包里的美术书，它能带我在五颜六色的世界里游来游去。"我给出的评语是："如果其他的都不去考虑，就这一句真实的表达，我给你满分。"这样的评语给了学生不同寻常的启发，让他懂得了写作一定要有真情实感。

四、小学作文评语的发展方向

学好语文是热爱祖国的表现，而写作是我们表达思想感情的途径。我想，让学生不断地在作文训练中得到改进、提高，这就是作文评语的发展方向。希望教师运用自己的聪明才智，根据小学生的特点，写作文评语时，注重童心与童趣，注重真情与实感，注重技巧与引导，注重启发与延伸。相信学生的写作水平一定能越来越高！

参考文献

［1］彭玉琨，张捷，贾大光.教育平等理论内涵分析与促进教育平等进程策略研究［J］.东北师范大学学报，1998（6）：56-58.

［2］魏敏.作文评语的功用及优化［C］.江苏省教育学会2006年年会论文集（文科专辑），2006：46-52.

［3］高敏.给孩子一盏灯——浅谈作文评语［C］.江苏省教育学会2006年年会论文集（文科专辑），2006：16-19.

［4］李玉霞，郑平.作文评语：沟通师生的桥梁［N］.延安日报，2009.

浅谈小组合作在小学高年级语文
教学中的运用

太平镇中心小学　　黎丽凤

新课改的实施，要求注重学生的主体地位，发挥学生的主观能动性。小学语文作为一门基础课程，关系到学生文化素养的培养，影响学生的健康成长。实践证实，小组合作学习模式的应用，在语文教学中具有较高价值，以下对此进行探讨。

一、小组合作学习模式的优势

第一，拓展学习空间。小组合作学习，将学生个体竞争转变为组内合作、组间竞争，将师生单向交流转变为师生、生生之间多向交流，有利于创建轻松自主的学习环境，更好地培养创造性思维，将课内学习延伸到课外。第二，培养主动意识。在小组合作学习中，学生能阐述自己的想法，既提高了学习兴趣，又能更好地学以致用，接受不同的观点，有效提高学习能力。第三，提高学习效率。合作学习时，每个成员都有分配的任务，大家集思广益、尽己所能，有利于问题的解决，提高了学习效率。此外，成员之间互帮互助，交流彼此的知识感受，能充分融入集体，增强集体主义精神，培养团队协作精神。

二、小组合作在小学高年级语文教学中的应用

1. 识字教学

识字教学主要采用象形图导法、形声串联法、故事联想法等。以形声串

联法为例，汉语汉字学家苏培成的研究指出，56.7%的汉字属于形声字，因此小学阶段的生字中形声字较多，且形近字的学习难度大。以"浪"字为例，其中"氵"是形，"良"是声，学习时可以联想浪花袭来水体运动产生的声音。在形近字上，以"辨""辩""瓣"为例，"辨"字和分析识别有关，"辩"字和言语讨论有关，"瓣"字和植物花草有关。

小组合作教学时，首先要科学组建小组，一般控制在3～5人，在性别、个性、能力、特长上优势互补，并利用MHRSP量表进行评估，实现最佳搭配。此外，分组后培养小组成员的学习能力，进行明确分工，如组长、资料员、记录员、纪律员等，从表达能力、归纳能力、协作能力等方面进行培养。

2. 阅读教学

在阅读教学中，小组合作教学要注意四个方面：第一，小组划分遵循组内异质、组间同质的原则；第二，制定明确的学习任务，在阅读过程中要求学生感受作者的情感，带着问题去阅读；第三，培养学生的质疑精神，鼓励学生积极思考，敢于表达自己的想法；第四，增强学生的独立思考能力。由于学生的家庭环境、社会经历不同，所以对文章的理解也不同。以《地震中的父与子》为例，教师可以安排组内成员朗读感兴趣的片段，然后其他小组选出代表概述文章内容，最后教师进行补充和总结，提高小组成员的参与度，提升教学质量。

3. 口语交际

在口语交际中，小组合作学习要考虑到学生在性格、智力、语言水平上的不同，尊重学生的差异性和多样性，遵循以人为本的原则，做到因材施教。在教学期间，应该将不同性格的学生分在一组，促使所有成员都能倾听、思考，在学习的过程中不断提升。为了维持学生的兴趣和积极性，教师应根据教学内容的不同选择不同的活动方式，如访谈、辩论、演讲、小品等。组内成员通过角色体验，促使口语交际更加具体丰满，增强课堂教学的趣味性。

4. 作文教学

在作文教学中，小组合作教学的流程是：选择作文题目—小组合作审题—小组讨论修改—教师最终点评。以审题环节为例，一是要明确文体类型，如《快乐的周末》明确了写作时间，《我的妈妈》明确了写作对象，

《奶奶家发生的故事》明确了写作地点。二是小组要讨论出作文提纲，包括主题、材料、六大要素，由教师列举在PPT上，在组长的带领下进行讨论。以《难忘的一天》为例，提纲内容如下：①是写人为主还是记事为主；②选择哪个日期来写更好；③素材的收集与取舍；④需要突出哪些关键词。

5. 综合性学习

在综合性学习上，应该将文前引、文中拓、文后伸相结合，小组合作学习中发挥多媒体教学的优势，利用生动形象的课件来调动学生的学习兴趣，使其接收学习信息、展示学习成果。将辩论、竞赛等形式应用于教学中，能提高学生的语文素养。以"轻叩诗歌的大门"为例，综合课程教学期间，可以组织收集诗歌活动、分类整理活动、汇报展示活动，引导全体学生参与；组织诗歌朗诵会，把各人的整理汇编成集，指导学生尝试写诗。如此教学，能调动全员积极性，使学生在实践中获得学习体验。

三、结语

综上所述，小组合作学习模式能拓展学习空间，培养主动意识，提高学习效率，在小学语文教学中具有较高价值。文中从识字教学、阅读教学、口语交际、作文教学、综合性学习五个方面介绍了小组合作学习的应用，希望为教学活动提供参考借鉴，促进教学质量的提高。

📖 **参考文献**

［1］杨凤林.小学语文教学中小组合作学习现状的调查研究［J］.赤峰学院学报，2014（1）：245-248.

［2］农俏芳.小学语文教学中小组合作学习方法的实施［J］.课外语文（教研版），2014（4）：40.

［3］余秀娣.小学语文小组合作阅读教学策略探讨［J］.考试周刊，2013（75）：27-28.

巧用表格，提高语文教学效率

罗定市实验小学　郑学海

"最近，美国教室里出现了比思维导图还火的锚图（Anchor Chart）。"看到报道，我不禁沉思：思维导图已广泛应用，现在还出现了更火的锚图，那么传统的表格还有用吗？原来"锚图是将知识进行抽丝剥茧后所总结出来的提纲、方法、策略、思路的整理，搭配简单的图文能够指导学生对知识进行迁移运用"。虽然锚图最大的好处是一看就懂（简称"秒懂"），但是传统的表格在语文教学中也能发挥很大的作用。表格具有形象具体、信息集中、简洁直观的特点，在语文教学中经常碰到的难题是有些看似简单的问题根本不能用语言表达清楚，这时候合理运用表格就能起到去繁就简的作用，而且针对性更加明确，方便学生落实。随着语文课程的改革，语文教师也深深地认识到：在语文教学中适当使用表格，可增强语文教学的直观效应、对比效应和简化效应；在语文教学中巧用表格，能让内容一目了然，达到事半功倍的效果。

一、借助表格预习课文

在预习中，表格起着相当重要的作用。略读课文的教学一般放手让学生自主学习，学生常常不能一下子看透文章的思想内容、结构形式、表现手法等。在这种情况下，教师可以根据文章的内容有针对性地设计一份直观性强的表格，借此帮助学生解决问题。特别是对于那些条理比较清楚的课文来说，一张小小的表格就能解决许多学习中的问题。例如，部编版教材五年级下册第22课《手指》一文，结构清晰严谨，运用多种表达方法，介绍了五根手指的不同特点，因此，我设计了以下表格让学生进行预习。

手指的不同特点及表达方法

手指	特点		表达方法	道理
	姿态	性格		

　　表格出现的瞬间，学生眼前一亮，马上进入阅读状态，如果学生真正能够搞明白表格里的内容，那么这篇课文的主要内容也就理解了。

二、借助表格讲析课文

　　有些课文内容层次分明、条理清晰，根据这类课文的特点设计表格，能起到梳理文章的脉络、推进阅读教学的作用。部编版六年级语文上册第26课《我的伯父鲁迅先生》是周晔写的回忆伯父的纪念性文章，通过回忆伯父鲁迅先生生前给自己留下印象深刻的几件事，说明鲁迅先生是一个爱憎分明，为自己想得少、为别人想得多的人。文章篇幅较长，时代、内容离学生实际较远，学生看了一遍后一头雾水，学习兴趣容易受到影响。但该文第2～5段的内容和写法相似，都是通过具体事例、运用不同的人物描写方法表现人物品质。如果逐句逐段讲解分析，定会把文章分解得支离破碎，对文章的理解就不够透彻、全面。因此，我紧扣课文的主旨部分——"鲁迅先生是一个怎样的人"展开讨论，抓住课文内容及文中人物的特点，巧妙地设计了一个简洁明了的表格，激发起学生的探究欲望，让课文内容一目了然地呈现在眼前，更好地帮助学生厘清文章脉络、理解课文内容、体会人物品质。以下是我的教学设计。

　　（1）指导学习第2段。

　　①提出自学要求。

　　A.这是"我"回忆的哪件事？请用小标题概括。

B.文段中哪些句子打动了你的心呢？请用"_____"画出。

C.这件事反映了鲁迅先生什么品质？

D.本文段作者通过人物的什么描写来表现人物品质？

②学生边读边思边画，教师巡视指导。

③讨论。

A.这是"我"回忆的哪件事？（谈《水浒传》）

"我"是怎样读《水浒传》的？结果怎样？

"囫囵吞枣"是什么意思？文中哪句话表示"囫囵吞枣"的意思？"张冠李戴"是什么意思？文中哪句话表示"张冠李戴"的意思？"囫囵吞枣"地读与"张冠李戴"地答之间是什么关系呢？谁能选择其中一个成语说一句话？

B.文段中哪些句子打动了你的心呢？

a.伯父听了"我"张冠李戴地说，做出怎样的反应呢？（伯父摸着胡子，笑了笑，说："哈哈！还是我的记性好。"）

b.这是伯父听了"我"张冠李戴的回答后的反应，如果是你的长辈见到你这样读书，会怎么样呢？（引导学生体会伯父的长辈风度和话语特色）

c.当一回演员，演一演鲁迅先生。（指导学生表演读好这句话）

d.伯父的年纪比"我"大，为什么记性反而比"我"好呢？

e.听了伯父这句话，"我"怎么样呢？为什么？（引导学生体会句子的意思）这是人物的什么描写？（语言）这简短的语言描写，透露出鲁迅先生含蓄、幽默、风趣的性格特点。伯父好像是开了一句玩笑，就使"我"从此读什么书都不再马马虎虎了。你觉得鲁迅先生怎么样？（鲁迅先生关心孩子，善于启发教育孩子）鲁迅先生连批评孩子时都替孩子着想。

f.伯父不仅婉转地批评了"我"，而且还送了"我"两本书，勉励"我"认真读书。伯父这样一个大文学家，居然还抽出时间翻译儿童读物给孩子们看，这不也表明他为孩子们着想吗？

C.这个故事表现鲁迅先生什么品质？（对青少年的关心和爱护）

D.这段内容作者是通过人物的什么描写来表现人物品质的？

④展示本段的学习成果。

A.小结本段的学习收获，填写课文脉络表。

课文脉络表

事情	人物品质	人物描写方法
谈《水浒传》	关心、爱护青少年	动作、神态、语言

B.大家还有没有不懂的地方，还有没有想知道的？

（2）总结第2段的学习方法。

概括事情→品词析句→体会品质→领悟写法。

（3）运用第2段的学习方法，小组合作探究第3、4、5段。

（4）总结全文，感情升华，填写全文内容总结表。

全文内容总结表

事情	人物品质	人物描写方法
谈《水浒传》	关心、爱护青少年	动作、神态、语言
笑谈"碰壁"	痛恨旧社会	语言
救助车夫	同情、关心劳动人民	动作、神态
关心女佣	关心别人胜过关心自己	语言

三、借助表格进行单元复习

在语文教学中，表格最重要的作用还是用来复习整理知识。利用表格进行单元知识总结，有利于记忆和复习。各种知识分布在表格中，条块分明，要点突出，便于总体把握和综合复习。表格可以建构起单元骨架，形成条理清晰的知识脉络。每学完一个单元，适时地进行巩固和梳理，让学生对所学的知识有所认识、有所拓展，这非常重要。究竟可以设计怎样的表格进行巩固呢？以下是我设计的部编版教材五年级下册第八单元"风趣幽默"的整理、复习表格。

第八单元整理复习表

主题：风趣幽默					
课题	字词拾贝	风趣的语言	阅读技法	写作技法	启示、道理
《杨氏之子》					
《手指》					
《童年的发现》					

四、借助表格进行分类整理

语文学习重在厚积薄发，表格在语文学习积累中的作用非同小可。基础知识的积累、古诗词的积累、作家作品的积累等均可借助表格实现。例如，古诗的复习可依下面的表格进行分类整理。

古诗分类整理表

主题		诗句
季节	春	
	夏	
	秋	
	冬	
景物	风	
	花	
	雪	
	月	
爱国		
友情		
……		

五、借助表格进行课外阅读

俗话说"好记性不如烂笔头"，边读边做读书记录，不仅能深入细致地阅读理解文章，还有助于语言的积累与运用，提高阅读与习作能力。下面的读书记录表对于任何体裁的文章都适用。

读书记录表

书（文章）名		作者	
词语积累			
优美句段			
读有所悟			
我要写写（活学活用）			

总之，表格应用于小学语文教学，能起到事半功倍的作用，但切忌生搬硬套，使语文学习变得枯燥乏味。教师要灵活创新，在教学中巧妙地运用表格，语文课就会更吸引学生，语文教学就会更加多姿多彩。更重要的是，在教学时，我们要授之以渔，引导学生运用表格进行学习，指导他们根据自己对课文的理解和把握，设计一张合适、实用的表格，这样更利于学生语文素养的提高。

如何培养学生的写作兴趣和树立
学生写作的信心

罗城中心小学　邹群娣

有的学生一讲到学习就头痛，他们不愿读书、怕做作业，更怕写作文。遇到这些情况，很多家长都束手无策、无可奈何，是什么原因造成学生厌学呢？其实主要就是学生对学习没有兴趣。学习兴趣是推动学生学习的一种最实际的动力，它能够促使学生自觉地去学。一般来说，学生的学习兴趣与他们的学习成绩、学习信心是相辅相成的。学生对某门功课有兴趣，学习成绩就会好，学习信心就会足。因此，对学生学习兴趣的培养很重要。那么，我们该如何培养学生的写作兴趣和树立他们的写作信心呢？在教学中，我采取了以下几种做法。

一、激发学生的阅读兴趣，以读促写

在阅读教学中，我通常采取以下几个步骤：首先，初读课文，从课文整体出发创设情境，引导学生入情入境，着眼于激发学生阅读全篇的兴趣和动机，发挥其主动性；其次，指导学生细读课文，通过情境体验抓好阅读重点，准确地掌握句、段，主要培养学生实际阅读能力，结合点拨、设疑、对比等方法，深化理解关键内容；最后，引导学生精读课文，引导学生凭借创设的情境重点体会语感，抓住课文核心部分，通过声音和语调的节奏、气势的变化，结合词语朗读的比较，综合听觉、动觉、视觉体会情感变化及其与语言的关联，学会欣赏与理解文章的内涵和精华。

在阅读教学中，教师不仅要培养学生的阅读兴趣，而且要给学生灌输一种好的阅读理念，培养学生养成好的阅读习惯。在刚开始阅读时，我不仅要求学生阅读某篇文章或某本书，而且要求学生摘抄文章中的优美句子、段落，写读后感。同时，我还定期举办一些读书交流会，让学生一起分享读书笔记和感受，或者将自己看过的一篇文章或某本书的内容讲述给别人听，在巩固阅读兴趣的同时锻炼学生的语言表达能力，从而增强学生的写作兴趣和能力，做到厚积薄发，作文时言之有物。

二、引导学生写出真情实感——阅读是写作的基础，写作是对阅读效果的检验和提炼

在小学语文写作教学中，教师可以充分调动学生记忆中的情感因素，将之与写作内容所蕴含的情感联系起来，触景生情，引导学生写自己所爱，写自己所喜，使作文的情感在学生心中得以丰满与升华。教师在指导学生写作的时候，可针对题目提出问题：从题目看写作范围是什么？中心思想是怎样的？哪些材料可以反映这个中心？如何安排这些材料……这些问题对没兴趣写作文的学生有很大帮助。接着，教师可以在课堂上先念一篇教师预先写好的小作文，让学生看看这篇文章好在什么地方？哪些地方还应加强？如何改进？如果让你写这篇文章会怎样安排？这样才能更好地发散学生的思维，消除学生写作文时的畏难情绪。教师也可以采用回忆引导法，引导学生对经历过的事情进行回忆，细心体会并去感受。这样写出来的文章才会有真情实感。每个学生所经历的事情都有很多，但大多数学生对自己所经历的事情并不留意，提笔写文章的时候想象的成分多一些，叙述时主观经历和客观叙述往往显得脱节，写出来的文章不能引起别人的共鸣。例如，要求写一个助人为乐的人，教师可以这样引导学生：在生活中遇到困难的时候我们应怎么做？你是怎么做的？这样用生活中的经历来引导学生对所记的人或事去体会和感受，会使他们有一种亲身经历感，同时容易表达出他们的真情实感。

三、让学生在生活情境中作文——生活是写作的源泉，写作是对生活的总结和再现

有的学生一听到写作文就头痛，布置他写这个，他说没做过；布置他

写那个，他又说没去过、没见过，不知怎样描写。确实，有很多事学生真的没有经历过，也没有切身体会，但又不能不写，于是他们只好这本作文书抄抄，那本作文书抄抄，真的找不到可以抄的资料的时候，就马马虎虎写几句来应付，成了真正"作"出来的作文。为避免学生无事可写或作文内容"假、大、空"，学校在作文教学中推行"在生活情境中作文"的教改实验。生活情境作文，即让学生通过观察世界、观察生活、观察自然的意境，获取写作素材，激发写作欲望，再经过教师的指导激发情趣，拓展写作思路。教师引导的重点是从"说"到"写"，通过对生活情境进行直观生动的描述，将学生观察的情境再现在学生面前，唤起学生的再造想象与回忆，使其思维活动积极而富有成效，写作情绪高涨而镇定思考。教师利用学生急于表达的心理，重点拓宽学生思路，使学生展开丰富的想象，在情境中构思，在情境中表达，达到"情动而辞发"的境界。这样的作文教学内容丰富、情节生动、意境深远，学生有话可说、有事可写、有情可发，学生写作的兴趣和热情得到提高。其实很多学生都喜欢动手操作，如果教师和家长又支持他做，并为他提供有关书籍，他看得多了，做得多了，要他去写时就得心应手了，写出来的文章也必然较具体、真实、有血有肉，他会把自己的制作过程，把自己获得成功的喜悦及遇到困难时怎样想办法克服等都具体地写出来。所以，教师和家长应该让学生多参加有益的、自己喜欢的活动，并与学习联系起来。总之，应该注意把学生原有兴趣与知识学习联系起来，将兴趣引导到学习上来，以培养和激发新的兴趣。

同时，成功是使学生感到满足并愿意继续学习的一种动力。学生一旦获得成功，就感到满足并愿意继续学下去。因此，教师应该鼓励、引导学生，让他们体验到成功的喜悦。于是，我在班上不仅创立了班报，让学生的作文由原来笔墨手写的字转化为散发着油墨香气的印刷字体并给予相应的奖励，以激发学生的写作兴趣和信心，还通过作文园地、手抄报等方式让更多学生的作文得到展示的机会，这样，学生就有信心、有动力去写、去创作，就会获得成功感。当学生体验到成功的乐趣时就会有兴趣、有信心地去实现下一个目标，这样就能有效地培养学生的写作兴趣和树立学生写作的信心。

小学生语文核心素养培养 "三部曲"

都杨镇中心小学　吴金喜

　　语文素养的培养是语文课堂教学的核心所在。但是，现在的语文课堂教学受应试教育的影响，大多数教师都采用揠苗助长式的教学方式，给学生灌输知识，忽视了课堂中学生的主体地位，造成小学生为了应付考试和提高分数而去学习，学生普遍存在语文知识不全面、语文能力不强、学习习惯不良、缺乏文化修养等现象，所以迫切需要语文教师更新观念、与时俱进，创新教学方法，把学生语文素养的培养落到实处。在课堂教学中如何培养语文核心素养呢？我认为培养小学生语文核心素养，教师可以弹奏好以下"三部曲"。

一、趣

　　兴趣是所有学习的动力，只有学生有了兴趣，才会有学习的欲望。激发学生的兴趣，是为了提高他们学习的积极性，提高学习效率。20多年的语文教学经验告诉我，在语文课上，教师一定要让学生多读书，多与文本对话，激发学生对知识的渴求以及学习的兴趣。所以，我通过各种教学方式激发学生的学习兴趣，如用演示、活动、设置悬念等创造出"我要学""我想学"的积极学习氛围，让学生真正成为学习的主人。

　　例如，在讲部编版六年级上册《竹节人》这篇课文时，我采用了课堂体验的方法，让学生自己体会做竹节人、玩竹节人的快乐，让他们融入其中，互相配合、互相演示。这样的学习很有趣味，培养了学生的人文修养和情怀。

二、读

阅读既是学生学习语文的主要环节，也是利用语言文字得到信息的根本方式。教师在讲课过程中要体现"以读为本"的语文学科特点，要给出充足的时间，让学生充分阅读，在阅读中获得感悟，培养学生终身阅读的习惯。怎样做才能体现"以读为本"的语文学科特点呢？以下几点可以尝试。

1. 少讲多读，以读代讲

"书读百遍，其义自见"，对于一些内容浅显的课文，教师不应过度解读与分析甚至深挖，这样反而会由简变繁。这类简单的课文，应以多种形式阅读，如个别读、齐读、分组读、默读、配乐读等，少讲多读，以读代讲，培养学生的语感。

2. 读中感悟，读中享受

教师要敢于放手让学生自读自悟，当然，教师也不能一上课就直奔课文的重点段，而忽略对课文整体的感知。第一步，粗读全文。教师让学生从题目到课文的结尾，逐字、逐句、逐段地读，并通过初读了解课文的主要内容。第二步，细读。教师可根据文章的不同类型、不同题材，采用不同的教学手法，尤其针对课文中的重点段落，引导学生认真阅读、细细品味，让学生在读中感悟，在读中享受。方法如下：①读，让学生仔细阅读全文；②找，找出文中重点段落、关键字词，甚至标点符号；③问，设计的问题环环相扣；④悟，理解语言文字的意思，感悟作者遣词造句的用意，体会作者表达的思想感情；⑤再读，通过多种形式的朗读，准确体会作者的情感，使读者与作者的情感融为一体，并在读中感受语言文字的魅力。例如，《乡下人家》一文，语言朴实生动、清新秀美，我在教学时重视朗读，让学生绘声绘色地读，从读中想象画面，感受乡村生活的美好。

3. 读整本书，热爱阅读

语文教师不仅要教好教材上的课文，还要推荐中外优秀读物让学生阅读，读整本书，开阔眼界，丰富知识，吸收人类优秀文化的营养，形成正确的人生观和价值观，提高学生的文学素养和综合素质，使学生养成终身阅读的习惯。所以，我每周都会定期地组织学生到学校图书室借阅书籍，以提升学生的语文素养。例如，中国四大名著以及《一千零一夜》《格林童话》

《童年》《沈石溪动物小说》等数十部中外名著都可以推荐给学生阅读。

三、写

《义务教育语文课程标准（2011年版）》明确指出，写作是运用语言能力交流的最好方式。语文素养整体表现在写作能力。教师对于写作的教学，应更贴近学生的实际，让学生多思考、多动笔、多表达，教师多引导、多创设情境，让学生表达真情实感。我认为在习作中可以从以下三个方面提升学生的语文核心素养。

1. 紧扣生活，练说练写丰富多彩的生活素材

写作的灵感源于生活，我们身边有许许多多有趣的事情，可是有些学生却视而不见、听而不闻。可见，无材料可写的根源是不善于观察，仅做生活的旁观者。

在教育过程中，可以培养学生对自己所看、所感、所做的事情进行观察和分析，获得情感来源，引导学生做生活的有心人，练说练写丰富多彩的生活素材。例如，教学习作"大自然的启示"时，我布置学生在课前观察蚂蚁搬食物，然后在课堂上让学生把观察的过程先说后写下来。这样，学生才有素材可写，才有话可说。

2. 练说真话，练写真情实感

作文说的就是真人真事，写的就是真情实感。如何引导学生写出真情实感的习作呢？在具体教学中，第一，对于写"真"的作文，教师应给予高分鼓励，肯定表扬。教师在写作教学中要引导学生说真话、写真事。第二，引导学生拓展题材，在生活、回忆中找"真"。例如，写一件难忘的事，可以从题目入手，想想身边有哪些事很难忘；从生活入手，谈一谈往常，能尽情地、流畅地表达自己的真情实感，说出真话，再让学生动笔就不会空话、客套话一大堆了。

3. 展开想象的翅膀，多练写想象作文

想象是一种创造性的思维方式，独特性是它的特点，教师要多鼓励学生写想象的事物，激发他们的想象力。对于小学生来说，其思维方式以形象思维为主。学生有着敏锐的感知能力和丰富的想象力。在写作教学中，教师需要鼓励学生多想、多做、多发散自己的思维。例如，我在教学习作"看图写话"时，首先出示图片，引导学生仔细观察并展开想象，整体感知图中的景和人。其次，我以图片中的孩子为主角，让学生进行观察和想象，看他们的情感变化，让学生想：他的父母在哪里？当时可能发生了什么事？孩子未来的命运如何？等等。最后，在说的基础上，我帮助学生把看到的和想到的写下来。

提升小学生语文核心素养，关键在于教师。只要语文教师热爱读书、勤于写作、善于思考、勇于创新，就能弹奏好语文教学这"三部曲"，让小学生语文核心素养的培养真正落到实处。

小学语文教学要传递正能量

罗定第一小学　刘华莲

当又一个大学生因学业带来的压力而选择跳楼，当又一个高中生因高考带来的压力而选择轻生，当又一个少年因与同学发生摩擦而拿起刀子砍杀同学等校园悲剧事件发生时，作为一名教育工作者，我不禁考问：是不是我们的学校管理出了问题？是不是我们的教育教学工作失衡了？细细回顾，的确，受应试教育的影响，不少学校只注重成绩、注重升学率，而忽视了德育教育；不少语文教师只注重语文学科的工具性，注重知识的传授，而忽视了语文学科的人文性，从而轻视情感教育，轻视思想教育的熏陶，以至于学生未能树立正确的人生观和价值观，甚至出现漠视生命的现象。因此，语文教师要担当起传道授业、教书育人的神圣职责，尤其是小学语文教师（因为小学语文是基础教学的基础学科），不仅要发挥语文学科的工具性和人文性作用，更要结合学生培植人生的正能量，让学生从小树立正确的人生观和价值观。那么，在小学语文教学中如何传递正能量呢？

一、语文教师要具有正能量

陶行知先生说过："没有爱就没有教育。"爱是教育的源泉，教师只有爱学生，才能教育好学生，才能使教育发挥最大的作用。因此，要想给学生传递正能量，语文教师首先要爱学生。作为教师，应该无私地把爱洒向每一个学生，平等地对待每一个学生，走进他们的情感世界，了解他们的喜怒哀乐。当学生遇到开心的事情时，及时为他们送上温馨的祝福；当学生遇到烦恼时，及时伸出温暖的双手，抚慰他们幼小的心灵，让他们在学习过程中时时感受到老师的关怀，体验到学习的快乐和成功，从而学会关爱别人。经调查证明：一个学生对老师难忘的原因，并不只是老师教会了他某种文化知识，更重要的是从老师循循善诱的教导中学会了做人的道理，获得了正能量，为自己的人生指明了方向。

学高为师，身正为范。要想给学生传递正能量，语文教师还要加强师德学习，将社会主义荣辱观教育贯穿整个教学活动，在教学中不断积累正能量，把自己打造成一本学生百读不厌的书。学生信任教师，不仅仅是因为教师的学识，更重要的是因为教师身上特有的魅力，那是一种人性的光辉。教师是学生的镜子，学生是教师的影子。要求学生做到的，教师先做到；要求学生做好的事情，教师先做好。例如，要求学生早到，教师不能迟到；要求学生有助人为乐的精神，见到学生摔跤，教师绝不能袖手旁观；要求学生要讲卫生，在课室里，见到地上的垃圾、散落在地上的粉笔，教师绝不能视而不见。语文教师要用自己的行为潜移默化地影响和教育学生，让学生从教师这本活书本中读懂什么叫正能量。

二、要挖掘教材中的正能量

选入语文教材中的课文是古今中外各个时代的经典文章，在强调工具性的同时还注重人文性，包含着丰富的人生哲理，对学生思想和人格的感召力是非常大的，是给学生传递正能量的典范之作。作为语文教师，要吃透教材，充分挖掘教材中积极向上、崇尚真善美的内容，把乐观向上的人生价值观念和与时俱进的时代精神传递给学生。例如，《地震中的父与子》这篇课文讲述的是在1994年的美国洛杉矶大地震中，一位年轻的父亲想起儿子曾说的"不论发生了什么，我知道你总会跟我在一起"这句话，冒着生命危险，抱着坚定的信念，不顾众人的劝阻，历尽艰辛，经过38小时的挖掘，终于在废墟中救出自己的儿子，而儿子却叫父亲先救自己同学的故事。这个故事歌颂了伟大的父爱，赞扬了危难之中父子之间的伟大亲情和父亲顽强不屈、坚韧不拔的意志以及儿子先人后己的品质。这样的教材不正是传递正能量的好材料吗？只要语文教师认真挖掘文章中的内涵，传递给学生，学生就能从中懂得亲情的重要性，懂得在危难和绝望时刻坚定信念、顽强不屈、乐观向上便会创造奇迹。久而久之，学生获得的正能量多了，当他们遇到困难时，就不会选择极端的处事方式，就不会有那么多人轻易地和生命说"再见"。其他诸如此类的例子在小学语文教材中不胜枚举。

三、语文课堂要传递正能量

课堂不仅是传授知识的主阵地，还是进行思想教育的重要战场，与教书育人是息息相关的。语文教师要有效地利用语文课堂这块宝贵阵地给学生传递正能量。

每一节课，语文教师都要以良好的精神面貌面对学生，不能把消极的情绪带到课堂上，不能在学生面前表现得郁郁寡欢、愁苦不快，遇到再不顺心的事也要微笑着走进课堂。课堂上，语文教师要平等对待每一个学生，以学生为主体、教师为主导，多赞赏、少批评。正如美国著名心理学家罗森塔尔说的："当一个人得到赏识时，他的心里就有一种成就感，就会对未来充满信心。"因此，我们要积极帮助学生树立信心。

在课堂教学中，语文教师要发挥语言优势，使语言形象生动、抑扬顿挫，激发学生的学习兴趣，营造良好的学习氛围。同时，语文教师要结合具体的教学内容，与社会上的一些热点、难点、焦点问题挂钩，鼓励学生关注社会热点问题，帮助他们明辨是非、分清好坏，从而给予他们正确的人生导航，给他们传递正能量。

四、语文作业要传递正能量

语文教师布置的作业既要检查学生对知识的掌握情况，又要培养学生的能力，还要让学生留意身边的人和事，关注社会上的热点、难点、焦点问题，然后在班内举行"新闻调查报告会"，让学生各抒己见，教师予以正面引导、积极教育，从新闻调查中去寻找正能量、传递正能量。

总之，只要语文教师心中有学生、心中有爱，把教书育人作为己任，在小学语文教学中千方百计地给学生传递正能量，学生们就一定能健康成长，将来一定能乘风破浪，阔步前进！

浅谈新课标下课堂教学的现状与对策

罗定市实验小学　李坤荣

教学过程是一种特定的认知过程，是教师通过自身劳动实现学生身心发展，促使个体社会化的进程。在这一进程中，教师、学生、教学内容和教学手段是四个基本要素，其中教学内容和教学进行时的调控手段都是为师生的教学活动服务的。因此，教师与学生才是教学活动的主要参与者，他们共同活动的目的是使学生获得适应社会生活并推动社会发展的能力。在我国，十几年来，学校的教育工作发生了很大的变革，今天，新课程标准已在全国范围内推行，但是，当前的课堂教学依然存在着以下两种倾向。

第一种倾向是片面强调和夸大教师在教学过程中的地位与作用。在教学过程中，教师主张把抽象概念和原理强制灌输到学生的头脑中去，教育过程的主动性在于教师而不是学生；教师关注的只是教学大纲规定的知识，为了传授知识，只要求学生适应教师，采用统一进度、统一考试的方式，加大作业量，增加知识的深度、广度，搞"题海战术"，把学生禁锢在一个封闭的笼子里面，学生只听不问、只信不疑，完全处于被动地位，谈不上学习积极性、创造性，更谈不上个性、身心的全面发展。

第二种倾向是片面强调和夸大学生的主体地位，贬低和否定教师在教学过程中的主导作用。出现这种倾向是有其理论基础的，其中，比较有影响的有杜威的"实用主义教育理论"、皮亚杰的"儿童中心论"、弗拉威尔的"元认知理论"等。学校教育的基础在于学生自身本能的态度和冲动，教育者应当把学生的活动作为教育过程的中心，放手让学生自由活动来引发本能发展。在这种主张下，教师只是形同虚设。这种倾向曾在20世纪50年代末和

"文化大革命"期间给我们带来了深重的灾难。

就以上两种倾向，如果说第一种是"填鸭式"教学的话，那么第二种就是"放羊式"教学。这两种教学方式有一个共同的缺点，就是过于偏颇，没能正确处理好课堂教学中的师生关系。当然，我们不能否认的是，第一种教学有其合理的成分就是强调教师的地位，第二种教学虽然过分夸大学生的主体地位，但最起码也在课堂教学改革中做出了勇敢的尝试。我认为，课堂教学改革无论怎样改，都必须遵循一个原则——"以教师为主导，以学生为主体"。这不是一句口号，也不是对两种教学方式的一个折中看法，而是既要尊重学生的独立性和创造性，又要体现教师的主导性。教师既不能成为知识的传输器，又不能只是一个旁观者，他应是演员和导演。具体来说，教师必须在课堂教学过程中做好以下几点。

一、创设情境，留给学生思维空间

"留给学生思维空间"，必须变革现有的旧的传统教学模式，灵活地采用新颖而得当的教学方法点燃学生思维的火花，即在教材内容的学习中，由教师设计情境，让学生发现学习内容的"空白点"，并通过学生自己的探索将其具体化和现实化。在课堂教学中，教师要精心设计教学情境，多为学生营造取得成功的机会，充分调动学生学习的积极性，改变其在学习中的消极被动状态。作为教师，我们必须认清一个事实：学生在生活当中已经具备了一定的知识和生活体验。如果我们在教学过程中创设一些与教学有关的、学生感兴趣的、与生活实际相联系的情境，让学生在情境下进行学习，就能使学生利用原有的知识和体验去积极思考，认识新的知识，获取新的体验。

就语文教学而言，从生活走向语文，从语文走向社会是新课改的重要理念之一。我们的生活中有丰富的语文素材。如果我们从生活、生产中熟悉的实例提出问题、创设问题情境，可以使学生认识到生活中处处有语文，语文知识在生活中处处有应用。例如，当你走过大街小巷时，是否注意到，语文正躲在你附近向你悄悄招手？又如，公路上有许多的告示牌："司机一滴酒，亲人两行泪。""沾车不沾酒，沾酒不沾车。"等等。这些都蕴含着深刻的道理。还有很多包含无限智慧的告示牌："请勿踩踏草坪，我会疼的！"（草坪）"来也匆匆，去也冲冲！"（WC）这样就跟学生日常生活中见到或听到的例子结合起来，既巩固了课堂所学知识，又提高了学习兴趣。再如，一个人在不愉快时，一篇优美的散文可以帮他找回愉快的心情；一个人在失败后情绪低落时，一篇慷慨激昂的文章可以让他找回自信心，勇敢地面对未来。语文给生活的影响是很大的。

二、点拨方法，注重知识生成过程

传统的教学往往注重知识的传授，而不注重获取知识的方法指导；注重讲授知识的结果，而不注重知识的生成过程，因此就出现了上面所说的"填鸭式"做法。当前的课堂教学改革要纠正这一点，就必须引导学生摸索获取知识的方法，并让学生清晰地认识知识产生的过程，从而使知识在学生的头脑中稳固地、有条理地储存下来，以便灵活运用，进而达到"教是为了不需要教"的目的。对于学习方法的点拨和知识的生成过程的问题，教师应该注意以下几点。

（1）要总结学习方法，借鉴国内外先进的学习经验，并对当代优秀学生的学习经验加以归纳整理，逐步形成学习方法论，提供给学生做参考。同时，教师还可以引导学生自己去进行摸索。学生对自己摸索出来的学习方法自然就倍感亲切，用起来自然得心应手。

（2）小学各个科目的学习是相通的，教师要注意引导学生学好相关学科，垫石铺路。例如，数学课是部分小学生感到难学的课程，其原因是数学课不但有系统、严密的数学概念和知识，而且数学与语文课的知识联系也很密切。一些学生学习数学不知道从哪里入手，其实有一部分原因就是他们的语文理解能力非常有限，根本抓不准题目的意旨。又如，英语中常常会碰到一些语法知识，对于小学生来说就更难懂了，因为本来英语基础就不好。其实，我们在语文的句子教学中就渗透了语法知识在里面。如果对语文的句子结构有一定的了解，学生学起英语来也会相对容易。所以，学好语文对学好其他科目有很大的意义。

（3）教师在对学生进行学习方法的点拨过程中，必须结合具体的知识进行，特别要注意结合知识的生成过程来谈学习方法。例如，比较法是学习过程中最常用的方法，也是其他方法的基础，有比较才有鉴别。求同法和求异法是进行比较的两种重要手段。求同法即找出事物之间的相同点，求异法即找出事物之间的不同点。在教学中应强化这样的训练，以达到运用自如的程度。

三、引导小结，帮助构建知识网络，强化记忆

小结是指在课堂教学将要结束的时候，教师用简要的话语对这节课的内容进行总结。但在当前的课堂教学中，由于时间、认识等问题，小结往往被忽略掉。即使有些教师进行了小结，也是自己简简单单地提几句，这样的小结根本没有新颖性、简约性、针对性和发展性，既起不到梳理知识、承前启后的作用，也起不到画龙点睛、升华知识、发展智能的作用。

学生对新知识的接受，一般都要经过"四化"，即消化、简化、序化、网络化。小结是帮助学生把大脑中的知识进行网络化的重要方法。这一过程是非常复杂的，教师不能在课程结束前一厢情愿地自己完成，也不能完全放手让学生自己解决，教师必须做和只能做的事情是多方引导、适当点拨。例如，在讲写作方法的时候，教师可以引导学生分类归纳总结：哪些是句子的修辞手法？哪些是文章的写作方法？哪些是说明文的说明方法？在培养学生整理知识的能力的同时，将新旧知识融为一体，连成线、结成网、形成块，达到系统化、结构化。这样进行网络化的小结，其效果要比一般的小结显著得多。

正所谓"学之有法，教无定法"，课堂教学应把传统教学与新课程相结合，既要抓牢基础知识，又要大胆创新，使课堂严而不死、活而不乱、紧而有序、生动而不缺乏知识性，让学生在课堂上充分感受到学习的好处、乐趣及学习的魅力。

📖 **参考文献**

[1] 中华人民共和国教育部.义务教育语文课程标准（2011年版）[S].北京：北京师范大学出版社，2011.

[2] 黄汶.浅论创设情境的目标 [J].语文教学参考，2003（8）：2-4.

信息技术在语文学科教学中的应用

罗定市实验小学　黄文华

随着信息化的更新，教学技能、教学多媒体、交互技术等在教学中的作用日益显著。信息技术给教育教学插上了硬翅膀，成为现代教学模式变革的一个重要手法。《义务教育语文课程标准（2011年版）》明确指出："努力建设开放而有活力的语文课程。应当密切关注当代社会信息化的进程，推动语文课程的变革和发展。"由此可见，信息技术是推动语文课程改革的有利因素之一，不仅促使教学方式逐步多样化，还激发了学生的学习积极性。近年来，信息技术辅助语文学科教学，使本来古板枯燥的语文课堂焕发生机。信息技术在使知识形象化、具体化、生动化的同时，还能预设一些仅凭文字无法展现的情境。

一、运用信息技术创设教学情境

语文一直被学生认为是最没有激情的学科，创设一定的教学情境能激发学生的学习动机和兴趣。收获知识的过程一般要经过感知、理解、积聚、应用等环节。在语文教学中，教师可适当利用多媒体创设教学情境。例如，教学人教版教材中的课文《童年的发现》时，运用信息技术可以一边展示童年的情景片段，一边播放歌曲《童年》，让学生在新的学习方式中品味童年时候的美好，感触"一切过去的都会成为美好的追忆"。学生对语文学习产生兴趣，形成渴求知识的欲望和探索事物的冲动，在兴趣的驱使下，一切有效活动得以开展。因此，教师应在教学活动中根据学生的心理特征开发信息技术在课堂教学中的优势，创设一定的学习情境，激发学生强烈的学习热情。

研究表明，信息技术元素中的影片、图像、动画、声音等多样又丰富多彩，能给学生提供最直接的外部刺激，十分有利于他们对知识的获得、建构和存储。

二、信息技术可以培养想象思维和创新思维

在语文课中，利用信息技术辅助教学会达到意想不到的效果。有丰富想象力的学生，大多具有创新思维的品质，所以要想有创新，就要有丰富的想象力。而运用信息技术教学，就有利于培养学生的想象力和创新能力。例如，在教学《第一声叫卖》时，先播放一段集市上买卖东西的视频，让学生来描述此时的情景，问："你脑海中浮现的是个什么画面？"从而激发学生的想象力，脑海中的集市就不是课本上仅有的那个图画了。他们可以借助大胆的想象和创新思维能力，讲述出不同的情景。学生一旦激发这项功能，思维就活跃起来，想象力也不会受到阻碍，创新能力便得以发挥。

三、运用信息技术构建互动平台，提高探究、合作交流能力

《义务教育语文课程标准（2011年版）》提出：在语文课堂教学中，教师要积极引导学生进行自主探究、合作交流。这是教与学的方式的变革，并强调学生是学习的主体，教师在教学中是组织者、参与者、引导者和学习者。现代信息技术打破传统单一的教学模式，把以往教师一支粉笔、一本书就是一节课的局面转变为信息技术在辅助教育教学中提供丰富的教学资源，而且没有时间和空间的限制，师生可以随时互动交流、分享收获。

现代教育是以学生主动建构为指导理论，以学生学为中心，教师引导的教学模式，教师利用教学设计，使学生可以按照自己的认知水平任意选择学习内容、学习方式以及各种工具。学习是学生主动参与完成的教学。同时多媒体信息量大、速度快，为学生提供大量的信息，学生可以随时从网上获取一些相关的学习资源，通过收集、分析、筛选、归类变成自己的知识。《读者》杂志中有一篇文章《文字有灵魂》，学生在网上阅读时可以了解作者情况、文章内容等，这样不仅有利于学生知人识事，拓展其对互联网资源的认识、对作品的理解，还有利于学生研究性学习，培养良好的习惯。

四、运用信息技术激发美感，加强美育

小学语文课文中不仅有许多优秀文章，如《那一片绿绿的爬山虎》《春雨的色彩》《美丽的小兴安岭》等展现自然美的课文，还有许多生动丰富的语句富含诗情画意。如果使用传统的教学方式授课，即便教师讲得再生动，学生也很难感知大自然的美，但借助信息技术手段，便可以把美妙的大自然景观以影片的形式显现在学生面前，使他们深刻地体会到大自然的壮观、唯美，将优美的乐曲和教师声情并茂的讲解有机结合起来，还能激发学生热爱大自然、热爱祖国的情感。

总之，语文课堂教学运用现代信息技术，在很大程度上能化难为易、变抽象为具体，使课堂教学生动形象，并能够全方位地调动学生思维，充分发挥视觉和感知的作用，引导学生进入多姿多彩的语文世界，让学生轻松、愉快、主动、有效地学习，从而达到优化语文课堂教学、提高语文教学质量、全面提高学生综合素质的目的。

优秀传统诗歌因小组团体共学焕发异样光彩

太平镇中心小学　黎丽凤

我国是一个诗歌的国度。诗歌以高度凝练的艺术语言、优美的韵律负载着深挚的情感，它所抒发的感情浓烈、醇厚，饱含了极其丰富的审美内容。诗歌教学不是为了培养诗人，而是为了提高学生的审美能力，是要把美的种子播撒到他们的心田。从小学一年级开始，学生每个学期都会接触好几首古诗词，几年下来，积累了一定量的诗歌，也对诗歌有一定的认知和了解，然而对诗歌学习的广度与深度却依然不足。

人教版六年级上册课本中有一个单元的"综合性学习"，主题是"轻叩诗歌的大门"，若这个单元教师教学得当，是非常有利于激发学生学习诗歌的兴趣与拓宽语文学习的广度和深度的。

近年来，学校实行"发展性课堂教学模式"，即在课堂上实行小组合作，我把小组合作这一模式运用于"综合性学习"教学中，收到了很好的效果。下面谈谈我是如何让学生携手合作"轻叩诗歌的大门"的。

一、建立有效的合作小组

在开学之初，我根据本班学生情况建立了6个4～5人的小组，每个小组注重学生成绩、能力、性格等方面的搭配组合。培养两个有组织和管理能力的正副小组长，制定相应的有效评价措施。我将小组合作运用于课堂教学、手抄报和墙报出版、清洁劳动、综合性学习活动等方面。"轻叩诗歌的大门"这一整个单元的综合性学习更离不开小组合作。

二、小组合作朗诵诗歌，轻叩诗歌大门的第一声

古诗词大都蕴含着丰富的诗情和美妙的画意，或者蕴含深刻的寓意。对于小学生来说，不易把握其中的语言魅力和思想精华。因此在教学中，教师不能只是简单地分析，要教会学生互相交流、互相学习，大声地、有感情地朗读诗歌，这样才能更加准确地把握诗人的情感，体会诗词的语言魅力。

在小组合作中，学生有了更多展现自我的机会，大家无拘无束、大声地朗读。在朗读中，个别学生出现错误的读音、节奏等问题容易被组员发现，通过大家的指点得以改正。这样的指点能够加深学生的印象，避免独自学习过程中犯错误难以发现的情况发生。在熟读的基础上，我要求学生做到有节奏、有感情地背诵。各小组组内互相督促、检查，做好朗诵的登记，各组间比赛谁的诵读通过率高。我采用小组合作朗诵诗歌的方式让学生爱上古诗词，这是轻叩诗歌大门的第一声。

三、小组合作，打开诗歌的大门，感受诗情画意

古诗教学忌逐句讲解，而诗歌的大意又要学生理解，并不是每个学生都有很强的理解能力，小组合作就可以很好地解决这一问题。一首诗一般由诗题、诗人、诗句三部分组成。我在指导学生进行小组合作的时候，根据诗的形式结构，概括出释诗题、知诗人、明诗意、悟诗情四个基本学习步骤。组织各小组根据这几个步骤和课后问题进行合作探究。小组内，各人根据查阅的资料和书本的注释，说出自己对诗意、诗情的理解，错误或不完整的现场纠正或补充，综合整个小组的意见，再派代表在班上汇报，不同组之间又相互点评、补充，教师只需引导和小结。

各小组还可以结合不同的诗歌内容、意境，用编小故事、表演情节或者画出一幅美丽的插图、想象一种优美的意境等形式来表现自己对诗歌的理解。

在学习本单元"阅读材料"中的四首古诗词时，各小组根据自己对诗词内容的理解，编出了不同的小故事，择取编写优秀的小故事如下。

《诗经·采薇》：

一位从战场打仗回来的老兵很有感慨地说："回想我出征打仗时，正好

是春天，微风吹拂着柔弱的柳枝，多么美的景色。如今我回来，已是漫天飞雪的冬天，时间过得真快呀，我却是一事无成！"

——第三合作小组

《春夜喜雨》：

春天的傍晚，下起了毛毛细雨，杜甫欣赏着细雨说："多么及时的一场春雨呀！它悄无声息地滋润了万物，仿佛一位默默无闻的人，悄悄地为人类做着贡献。"入夜，乡间的小路，宁静而又黑暗。只有江面上，一艘渔船上还亮着一盏灯，有了春雨，夜景是多么迷人而又令人陶醉啊！杜甫看得入迷，心想：明天的早晨，那湿润的泥土上一定盖满了红色的花瓣，像是一片无边无际的花海，大街小巷中，一定是一片万紫千红、生机勃勃的景象，那该有多么美好哇！

——第五合作小组

《西江月·夜行黄沙道中》：

夜晚，辛弃疾独自漫步在黄沙岭的路上。一轮明月升上天空，把树林里的喜鹊惊醒了，从树枝上扑棱棱地飞起。微风吹来稻花的香气，令人陶醉，他想，今年肯定是一个丰收年。"呱呱——呱呱——"远处的青蛙仿佛也在向他问好。

天忽然暗了许多，诗人抬头，看见月亮被云遮住，只有几颗星星在远处眨着眼睛，几个调皮的小雨点跳到了他的身上。要下雨了，得找个地方避雨，他边走边看，却找不到过去熟悉的茅店。东张西望，在转过溪上的小桥后，才一下子发现它。太好了，茅店还在树林边。

——第二合作小组

《天净沙·秋》：

诗人走到一个孤单的小村庄里，太阳快要落山了，古老的树枝上有乌鸦栖息，袅袅的炊烟提醒着他这里还有人家，偶尔还有雁影掠过。诗人不记得离家已经多久，走在这黄尘古道上，走在这青山绿水间，总算回到了家乡！

——第一合作小组

两个绘画功底好的学生还根据诗词的表述，画出了相应的插图，让组员拿着插图说故事。他们编的小故事未必很精彩，但集全组之力理解了诗词的意境、感情，以故事的形式再现，已经很不错了。有的小组还能采用表演的形式来说故事，使诗歌的课堂充满了趣味与笑声，学生在愉悦中学习了难懂的古诗词。

四、小组合作，遨游诗歌的殿堂

本单元的综合性学习有许多活动建议，如收集诗歌、欣赏诗歌、自己写诗、举办诗歌朗诵会、诗歌知识竞赛、合编小诗集等。开展这些活动，单凭个人之力是难以做好的，小组合作是最好的选择。

在收集诗歌时，我提示各小组按不同的类别收集，如诗人、题材、形式等。各小组用得最多的是前两种，他们有几个小组分别收集了李白、杜甫、王维等接触得多的著名诗人的诗歌，介绍了诗人的生平事迹；有的小组就以送别诗、边塞诗、写景诗等不同题材进行收集。书本中的诗词数量是很有限的，通过各组组员的课外收集，学生可以接触并了解更多同类型的诗词。例如，收集李白诗歌的小组，先介绍李白的生平，再选取他不同时期的代表作，简介他作诗的背景。又如，送别诗这一类，第六合作小组的学生收集了《赠汪伦》《送孟浩然之广陵》《芙蓉楼送辛渐》《送杜少府之任蜀州》《山中相送》《别董大》《送元二使安西》《晓出净慈寺送林子方》等10多首诗，还注明了哪些诗歌是充满伤感的，哪些诗歌是表现依依不舍的，哪些诗歌是体现胸襟宽广、志向远大的……学生收集完，再将各小组收集来的诗歌分门别类整理好，装订成一本诗歌集在班上传阅，不同小组可以分享劳动成果，在诗歌的殿堂里遨游。

编写诗歌这一活动也是每个人都自行创作好，然后组内互改。因为他们写的是现代儿童诗，有可供参考的文本，所以学生们都乐于自编创作诗歌。各组修改后也装订成诗歌集供全班共同欣赏，读着自己或同学的"杰作"，虽会觉得幼稚可笑，令人忍俊不禁，但也有不小的成就感。

诗歌朗诵会、诗歌知识竞赛这两项活动就穿插举办。学生可个人或自由组合表演诗歌朗诵，间隔一段时间就出示几道有关诗歌知识的题目让学生抢答。各小组为了在朗诵会和诗歌知识竞赛中取得好名次可没少下功夫，也掌握了不少有关诗歌的知识。

在小组间进行的各种活动都设立奖励制度，根据取得的成绩给各小组加分，再评出优秀合作小组。学生对此都兴趣盎然、热情高涨。

  我们在古诗教学中运用小组合作模式，引导学生携手合作，进行古诗的诵读、理解、品味，这样不但能减轻学生的负担，提高学习和朗读能力，而且能培养团队合作精神，增强学生的学习兴趣和自信心，对于学生综合能力的培养也具有非常重要的作用。当然，小组合作的形式不限于以上内容，它可以多种多样，相信只要在围绕教学目标的前提下，本着让学生合作探究的宗旨，哪一种形式都可以让学生在愉悦的环境下学习到诗歌的知识。

在小学语文教学中培养自主阅读能力

六都镇中心小学　董燕仪

一、创设课堂情境，增强学生学习兴趣

环境对一个人学习、成长、发育的作用是不可忽视的，对学生来说也是如此。在小学语文阅读教学中，良好的课堂情境对学生学习所起到的作用也是不可替代的，且小学生年龄较小，对事物的好奇心和求知欲较强，思维较为活跃，小学语文教师应该着重把握小学生的这一特点，利用他们的好奇心和求知欲激发阅读兴趣与阅读积极性，促进他们语文思维逻辑的完善和提升，进而增强他们的自主阅读能力，让语文阅读教学事半功倍。此外，教师还应该主动拉近师生距离，构建公平有效的师生交流方式，鼓励学生主动、大胆地向老师表达自己的意见和建议，从而在互动交流中提升他们的语言组织和表达能力，增强他们对阅读的感悟和理解能力，促进其阅读能力的提升。首先，创设阅读情境要合理联系生活实际。语文知识既源于生活，也作用于生活，相较其他学科而言，语文是与人们的日常生活联系最为密切的学科，因此促进语文阅读教学的生活化十分重要，创设日常化、生活化的阅读情境，能够有效引导学生产生共鸣，从而增强学生的理解能力和感受力。需要注意的是，语文教师在创设阅读情境时应该从学生的角度出发，从学生的日常生活环境入手，主动贴近学生生活，根据他们的生活经验、生活经历、生活背景合理创设情境，从而让学生在学习过程中更加切实、全面地感受阅读的魅力，增强阅读积极性。其次，创设阅读情境的同时要注重增强学生的角色体验。在小学语文的阅读材料中，我们不难发现，有许多文章的体裁和

内容都具有较强的故事性，这样的材料能够充分激发学生的想象力和表现力，所以，小学语文教师可以利用小学阅读材料的这一特点，采用开展话剧演绎的方式，让学生根据自己对文章内容以及角色性格特点的理解通过表演的方式展现出来，从而拉近学生与文章之间的距离，增强学生对文字以及情感的感悟能力。最后，创设阅读情境要适当地融入生动的语言教学。语言是语文知识的一种主要表达形式，语言具有文字所不具有的强大感染力，因此在创设阅读情境时，教师应适当借助生动的语言表达来吸引学生的注意力，引导学生将自己的情感和思绪充分带入文章材料中，从而在学生的脑海中创建文章情境，提升他们的想象力和理解能力。

二、指导学生阅读，提升自主阅读能力

良好的阅读方法是学生完成阅读的重要手段，因此小学语文教师应该着重加强对学生的阅读指导教育，快速培养学生的阅读能力，达到教学目的。在以往传统的语文阅读教学中，教学模式往往只采用教师讲、学生听的"填鸭式"教学，教师往往注重理论知识的传授，忽视了对学生自身学习习惯和能力的培养教育，这样的教学模式没有重视学生所具有的课堂主体地位，导致学生缺少自由发挥和思考、想象的空间，长此以往就会导致学生缺乏自主思考能力和想象力，只会"死读书"。俗话说"授人以鱼，不如授人以渔"，要想提升小学生的自主阅读能力就要传授给学生正确的阅读方法，在课堂上教师应该放开手，给予学生足够的自由阅读的空间和时间，而教师自己则要主动发挥引导作用和指导作用，在教学过程中慢慢渗透阅读方法和技巧，慢慢地让阅读成为语文课堂的常态化环节，让学生熟悉阅读、学习阅读、品味阅读，从而增强学生的自主阅读能力。

三、营造宽松、和谐的学习氛围

除了阅读情境外，学习氛围也同样起到了和环境一样的影响作用。由于小学生年龄较小，思维意识不够成熟，自我约束能力较弱，语文传统、枯燥的教学氛围难以激发小学生的阅读激情，甚至会让学生产生厌学心理。为解决以上问题，小学语文教师应该主动观察和了解学生的个性特点及兴趣爱好，从学生自身入手，进行个性化教学，增强课堂氛围的趣味性，营造轻

松、和谐、愉快的学习氛围，打破以往传统的"灌输式"教学模式，适当创建游戏化的教学形式，让学生在游戏中学习知识，在知识中感受快乐。同时还能间接地增强学生的团队意识和集体荣誉感，促进学生的身心健康发展，提升教学质量和水平。

四、积极开展阅读活动，激发阅读积极性

创新和开展小学生阅读活动不仅能够有效地锻炼学生的自主阅读能力，激发阅读兴趣，还能引导学生养成良好的阅读习惯，让学生更加切实地感受阅读的魅力。首先，教师应该充分利用现有的资源优势，如学校图书馆、学校周边书店、书摊等适合阅读的场地，引导学生在课余时间多走进有图书的地方进行自主阅读学习；其次，教师可以组织学生开展手抄报设计活动，为学生指定一个主题，让他们利用课余时间翻阅书籍，挑选和摘抄符合主题内容的优美字句并对整个版面进行绘画设计，从而让学生在活动中互相分享和推荐图书，促进自主阅读能力的养成；最后，教师可以定期开展图书交流会，让学生自由推荐自己最近在读或者十分喜爱的书籍，可以是朗读精美段落，也可以是说说自己的阅读感悟，从而营造良好的阅读氛围，提升学生的阅读理解能力，增强学生自主阅读能力。

五、结语

总而言之，良好的小学语文阅读教学能够有效地提升小学生的自主阅读能力。因此小学语文教师应该不断深化对教学模式的创新改革，提高教学质量和效率，积极探索和开展多种教学方式，提升小学生的语文素养和语文知识水平，促进其全面健康发展。

📖 **参考文献**

［1］黄芙蓉.小学语文教学应该注重学生阅读能力的培养［J］.科学咨询（教育科研），2019（1）：118-119.

［2］王艳飞.浅析小学语文教学中阅读能力的培养［J］.课程教育研究，2019（10）：102.

［3］王利霞.浅谈小学生自主阅读能力的培养途径［J］.学周刊，2019（20）：123.

在语文教学中渗透传统文化教育

云浮市第二小学　何丽燕

优秀传统文化是我国先进文化的重要组成部分，是中华民族的瑰宝，凝聚着中国数千年的文明，体现了中华博大精深的文化精髓。作为一个中国人，如果离开了优秀传统文化的熏习，缺少了优秀传统文化的感染，其发展不可能是健全的。因此，作为炎黄子孙，我们不仅要传承优秀传统文化，还要不断弘扬优秀传统文化。而教师就是要做"挖井人"，为学生输送优秀传统文化的精髓，应该在各学科中充分渗透优秀传统文化的教育。那么，语文教师应该如何在教学中渗透优秀传统文化的教育呢？我认为可以从以下几个方面入手。

一、渗透于识字教学中

中华汉字含义丰富，蕴藏着多种文化，从甲骨文到现代文字，都有着丰富的内涵。作为语文教师，在进行语文识字教学时，应渗透传统文化的教学，这样既有利于孩子对传统文化的了解，更有利于孩子加深对汉字的识记和理解。例如，在学习"始"字的时候，可让学生了解"女"字的甲骨文，激发学生的学习兴趣，再让学生写出一些带女字旁的字，然后教师归纳这些带女字旁的字的一些特点：有些是与女性有关的，如"妈""嫂""娘"等；有些是与女子的性情有关的，如"娇""婀""娜"等。

二、渗透于阅读教学中

传统文化寓于教材的每一篇课文中，每一本教材内容都是传统文化教育的载体。因此，我们上课不能单单停留在分析、感受文章内容上，还应该抓住契机，适时进行传统文化的教育。例如，在部编版教材五年级下册《梅花魂》中，课文体现出了一位华侨老人拥有一颗热爱祖国的心，教师应在让学生感悟文章内容的同时进行爱国情怀的教育，并拓展一些具有中华民族精神的人物及其事迹，如董存瑞、黄继光、岳飞等，感悟他们的高度爱国主义精神，引领学生在课外收集他们的英雄事迹，那么他们的精神也一定萦绕于学生的心中。

三、渗透于古诗教学中

小学教材中每个年级都安排有古诗词的教学内容。每首诗词都蕴含着丰富的传统文化知识。既有体现爱国主义精神的，也有表现坚贞不移、顽强不屈品质的，还有反映对母亲的感激之情的。例如，人教版五年级教材中的《游子吟》一诗就反映了诗人对母亲真挚而深厚的敬爱。古诗词易记易背，读起来朗朗上口，如果教师能让学生在理解的基础上反复诵读，有感情地朗读，那么学生肯定会在诵读中受到潜移默化的教育。

四、渗透于语文园地教学中

小学中高年级教材都系统地安排了成语故事、对联、名言警句等传统文化的教学内容。这些内容不但可以开阔学生的视野，还可以让学生积累知识，并教给学生做人的道理。我会让学生在了解课本内容的基础上，收集一些课外的成语故事、对联以及名人逸事。例如，人教版教材四年级上册语文园地二的"日积月累"中包括回文联、顶针联、叠字联，我不仅让学生读背这些对联，还让学生在课外收集一些类似的对联一起交流。通过收集、交流、背诵，学生充分感受到了这些对联的奥妙，体会到传统文化的有趣及丰富内涵。

除了语文园地中的"日积月累"之外，习作也可以让学生充分感受传统文化的魅力。在每个节日来临之际，引导学生上网查阅相关的一些信息，如节日的来历、风俗习惯等，然后让他们写成一篇文章。例如，在中秋节到来之际，教师可让学生了解它的由来及当地当天的一些赏月、吃月饼等习俗。通过收集、整理信息资料，了解玉兔、嫦娥等传说，学生在写作的过程中，自然而然就会感受到传统文化的魅力。

另外，教师还可以让学生有计划地去探究春节、元宵节、清明节、端午节等传统节日。

语文课本是渗透传统文化的最好载体，小学语文教材所选编的每一个内容，不仅积淀着丰富的古代文化知识，还积淀着丰富而深厚的中华民族优秀传统文化知识。我们应该抓住每一个教育契机，让学生尽情感受它的无限魅力。教师应认真分析挖掘教材中的传统文化内涵，并通过恰当的方式传递给学生，让学生真正认识和理解传统文化的内涵及价值，从而自觉地接受优秀传统文化。

📖 参考文献

［1］中华人民共和国教育部.义务教育语文课程标准（2011年版）［S］.
　　北京：北京师范大学出版社，2011.

［2］温儒敏，陈先云.义务教育教科书教师教学用书［M］.北京：人民
　　教育出版社，2017.

下 篇

教学设计及实录

《乡下人家》（第二课时）教案

罗定市实验小学　邹金凤

【教学目标】

（1）边读边想象画面，了解课文内容，能和同学交流自己喜欢的一处景致。

（2）能抓住关键词句，体会作者对乡村生活的喜爱和赞美之情。

（3）积累文中生动形象的句子，学习课文描写景物的方法。

【教学重点】

边读边想象画面，了解课文内容，抓住关键词句，体会作者对乡村生活的热爱。

【教学难点】

学习课文描写景物的方法。

【教学过程】

（一）复习，导入新课

（1）指名读生字、新词，检查学生掌握的情况。

（2）课文是围绕哪句话写的？（出示课件）

乡下人家，不论什么时候，不论什么季节，都有一道独特、迷人的风景。

（3）作者描写了乡下人家的哪些风景？（板书）

（二）新课

（1）品读第1自然段。

导入：今天让我们走进乡下，细细欣赏乡下人家多姿多彩的画卷，感受课文文字表达的魅力。

边读边思考。

A. 第1自然段哪些句子写了瓜藤攀架的情景？从哪些词句可以感受到乡下人家的独特、迷人？

B. 指名回答后出示句子。

乡下人家总爱在屋前搭一瓜架，或种南瓜，或种丝瓜，让那些瓜藤攀上棚架，爬上屋檐。当花儿落了的时候，藤上便结出了青的、红的瓜，它们一个个挂在房前，衬着那长长的藤，绿绿的叶。

C. 你为什么被屋前的瓜架吸引住了？

D. 出示课件：

青、红的瓜，碧绿的藤和叶，构成了一道别有风趣的装饰，比那高楼门前蹲着一对石狮子或是竖着两根大旗杆，可爱多了。

高楼门前的石狮子显得_____，乡下人家门前的瓜架_____，显得_____。这个句子用了什么手法？

E. 有感情地朗读课文，想象画面。

师：乡下人家屋前瓜藤攀架，这是一幅独特、迷人的风景画。

F. 小结学习方法。

出示课件：抓词句、想画面、谈感受、学写法。

（2）用同样的方法学习第2～6自然段。

① 出示学习要求。（出示课件）

A. 自由朗读课文，找出你最喜欢的一处风景。

B. 用 ▢ 圈出表示空间顺序的词，用 ◯ 圈出表示时间的词。

C. 从哪些语句感受到这处风景的独特、迷人？

D. 作者用什么手法把这些风景写生动、形象？

② 汇报。

A. 品读第2自然段。

过渡：乡下人家屋前有别有风趣的瓜架，门前还有令人赏心悦目的鲜花，你找到鲜花绽放的语句了吗？

出示课件：鲜花绽放图。

有些人家，还在门前的场地上种几株花，芍药、凤仙、鸡冠花、大丽菊，它们依着时令顺序开放，朴素中带着几分华丽，展现出一派独特的农家风光。

B. 师："时令"是什么意思？"朴素"和"华丽"是一对反义词，用在一起有没有矛盾？这些花是怎样开放的？

C. 你能用哪些词语来形容如此美丽的画面？

D. 过渡：乡下人家门前鲜花绽放的景象让你恋恋不舍，屋后又是一番怎样的景象？（指名回答）

E. 出示课件：雨后春笋图。

几场春雨过后，到那里走走，你常常会看见许多鲜嫩的笋，成群地从土里探出头来。

F. 这句话中哪个字用得好？为什么？把"探"字换成"钻"或"伸"行不行？

G. 你能学学竹笋探出头来的样子吗？你看到了什么？这句话用了什么修辞手法？

H. 配乐朗读，边读边想象画面。

I. 出示课件。

用拟人的修辞手法完成下面的句子。

a. 小草悄悄地从土里（　　　）出了嫩绿的小脑袋。

b. 小鸟在枝头欢快地（　　　）。

c. 小树摆动着枝叶，向我们（　　　）。

d. 说一句拟人句。

J. 师：乡下人家门前鲜花绽放、屋后雨后春笋，这又是一幅独特、迷人的风景画。

过渡：乡下人家的房前屋后美不胜收，生机勃勃。走进乡下人家的房前、屋后，你发现了什么？

K. 品读第3、4自然段。

出示课件：鸡鸭觅食图。鸡，乡下人家照例总要养几只的。从他们的房前屋后走过，肯定会瞧见一只母鸡，率领一群小鸡，在竹林中觅食；或是瞧见耸着尾巴的雄鸡，在场地上大踏步地走来走去。

师：你看到了怎样的大母鸡？（慈爱）怎样的大公鸡？（尽职）

师：从哪些词语看出来？它们走来走去干什么？

用了什么修辞手法？（拟人）

过渡：门前大桥下游过一群鸭，你们看！

L. 出示课件。

他们的屋后倘若有一条小河，那么在石桥旁边，在绿树荫下，你会见到一群鸭子游戏水中，不时地把头扎到水下去觅食。即使附近的石头上有妇女在捣衣，它们也从不吃惊。

哪个句子写出了鸭子和乡下人家相处的情景？你从中体会到什么？

用"即使……也"说一句话。

小结：这些小动物和乡下人家快乐地生活在一起，是多么和谐呀！乡下人家房前屋后鸡鸭觅食，这是一幅多么独特、迷人的画面哪！

M. 品读第5自然段。

a. 过渡：夕阳西下，正是乡下人家吃晚饭的时候，乡下人家是怎样吃晚饭的？找出文中的语句读一读。

b. 出示课件。

若是在夏天的傍晚出去散步，你常常会瞧见乡下人家吃晚饭的情景。他们把桌椅饭菜搬到门前，天高地阔地吃起来。

问："天高地阔"是什么意思？怎么用来形容吃晚饭了呢？从中你体会到什么？

c. 出示课件。

天边的红霞，向晚的微风，头上飞过归巢的鸟儿，都是他们的好友，它们和乡下人家一起，绘成了一幅自然、和谐的田园风景画。"他们"指谁？"它们"呢？"他们"的好友还有谁？

d. 齐读第5自然段。

多么自然和谐的画面哪！来，你们也仿着说一说。

出示课件：

_____，_____，_____绘成了一幅_____的风景画。

师：乡下人家在院落吃晚餐，这又是一幅独特、迷人的风景。

N. 齐读第6自然段。

秋天到了，月明人静的夜晚，门前的瓜架上传来纺织娘的叫声，文中把纺织娘的叫声说成唱歌，这是什么写法？（拟人）

师：缓缓地、柔柔地，像催眠曲，谁来读一读它的歌声？

秋天月夜虫鸣，伴随乡下人家进入甜蜜的梦乡，这是一幅多么独特、迷人的风景啊！

过渡：作者欣赏了乡下人家房前屋后一幅幅美丽的风景画，发出了怎样的赞叹？

O. 齐读课文最后一个自然段。

师：这句话起到了什么作用？你体会到作者要表达什么感情？

（总结全文的作用，表达了作者对乡村生活的热爱和赞美）

（三）课堂小结

小结学法：

（1）按一定顺序写。

（2）多种手法相结合。

（3）细致描写。

学习了《乡下人家》这篇课文，我们欣赏到了乡下人家独特、迷人的风景，文章按照屋前屋后的空间方位顺序和春、夏、秋、白天、傍晚、夜间的时间顺序交替描写，既展现了乡下人家朴实、自然、和谐、充满诗意的乡村生活，也表达了作者对乡下人家的欣赏和喜爱之情。

播放课件：同学们，请大家跟随老师走进乡下，欣赏乡村的美景吧。

（四）课后作业

到乡下走走，用一段话写一写你眼中的乡村景致。

（五）板书设计

2. 乡下人家

独特、迷人

空间 { 屋前：瓜藤攀架　鲜花绽放

屋后：雨后春笋　鸡鸭觅食 } 热爱 赞美

时间 { 夏：院落晚餐

秋：月夜虫鸣

《四季之美》教学设计

罗定市实验小学　余俊雯

　　《四季之美》是部编版教材五年级上册第22课。课文按一年四季的顺序描写了春天的黎明、夏天的夜晚、秋天的黄昏和冬天的早晨等不同时间的景致。作者用细腻的笔触写出不同时间、不同景物的动态变化，营造了美的氛围。

【教学目标】

　　（1）能抓住表示时间的词，了解作者描写景物的顺序，感受四季之美。

　　（2）有感情地朗读课文，体会作者对自然、对生命的爱。

　　（3）背诵课文，摘抄优美的词句，积累语言。

【教学重点】

　　能抓住表示时间的词，了解作者描写景物的顺序，感受四季之美。

【教学难点】

　　有感情地朗读课文，体会作者对自然、对生命的爱。

【教学过程】

（一）复习导入

　　（1）同学们，四季之美各具魅力，上一节课我们初学《四季之美》就已经感受到了，现在我们先复习课文的生字词。请大家看到屏幕，齐读。（出示课件）

（2）文章每个自然段都采用了总分的结构，分别描写了春、夏、秋、冬四个季节的美景。谁来回忆一下春天最美的时间和最美的事物是什么？学生汇报：春天最美的时间是黎明，最美的景物有天空、彩云；夏天最美的时间是夜晚，最美的景物有萤火虫；秋天最美的时间是黄昏，最美的景物有归鸦、大雁、风声、虫鸣；冬天最美的时间是早晨，最美的景物有落雪、白霜、炭火。（教师同时板书）

（3）昨天老师已经布置大家预习这篇课文的相关内容了，相信大家已经根据老师发的导学案进行预习了。

（4）好，我们马上深入课文去感受、探究四季的魅力。

（二）学习新课，感受四季的美

（1）学习第1自然段。

过渡：首先让我们走进春天之美，请大家看屏幕，这是文章的第1自然段。（出示课件）

① 哪位同学来读读这段话？其他同学思考：你从哪些词语体会到春天的美？请用"△"标出来。（你来读）

② 学生汇报：

A. 从"鱼肚色""红晕""红紫红紫的彩云"这3个词语可以体会到春天的色彩美。那么请你来读出这种美。

B.（出示课件：标有△的"泛""染""飘"）这3个词语都是动词，突出天空的变化，这就是动态描写。这也是我们这个单元的重点。（出示课件：红色字"动态描写"，并板书：动态描写）

C. 那天空的变化是一下子变化的吗？（不是）从哪个词语可以看出不是一下子变化的？（从"一点儿一点儿"这个词语可以看出天空的变化不是一下子变化的）好，你来读读，读出这种变化。你也来读读。

③ 天空的变化是很慢的，除了慢慢地变化，颜色也随之发生了变化，由原来的鱼肚色变成了红晕，飘着红紫红紫的彩云，这种画面是多么美呀！让我们配上音乐一起来美美地读读。

④ 除了天空、彩云，你还想到春天有哪些景物是美的？你来说。

⑤ 其实呀，春天早晨的露珠、刚刚长出来的嫩芽、金黄的油菜花、开得烂漫的桃花，还有很多很多春天的事物都是非常美的。只要我们细心观察

周围的事物，我们就会发现更多的美。就像作者，她又发现夏天也非常美。

（2）学习第2自然段。

① 请同学们自读第2自然段，思考以下问题（同时出示课件）。

A. 作者分别描写了夏天夜晚的哪三幅画面？请用"＿＿＿"画出来。

B. 作者描写夏天夜晚的萤火虫用了什么修辞手法？请同学们带着这两个问题自读课文，并完成这两个问题，马上开始。

② 谁来说说你找到了哪三幅图画？你来说。（学生答：明亮的月夜、漆黑漆黑的暗夜、蒙蒙细雨的夜晚）（同时出示课件：画线的句子）这三幅图画都是非常美的，现在我们请三个同学来把这三幅图画美美地读一读，然后把你认为最美的字词读出来。（出示课件：句子）你来读"明亮的月夜"，你来读"漆黑漆黑的暗夜"，你来读"蒙蒙细雨的夜晚"。

③ 明亮的月夜固然美。（同时出示课件）"固然"就是肯定、当然。（同时出示课件）大家想象一下月光普照大地那种状态，是一种静态，这是多么美的一种静态描写啊。（板书：静态描写）我们现在一起来读读。

④ 明亮的月夜，经常见，它肯定是美的，但是第二种也给我们美的感受。（同时出示课件）哪个同学来读读？老师听出你刚才重读了一个词，那就是"翩翩飞舞"。"翩翩飞舞"运用了什么修辞手法？哪个同学来造个拟人句？

⑤ "翩翩飞舞"让我们感觉到漆黑的夜晚有了一种动态之美，让我们感觉到眼前有没有萤火虫？（哦，有无数的萤火虫）那么我们把它读出来。

⑥ 其实呀，除了漆黑漆黑的夜晚，连雨夜也非常美哦，大家来看。（同时出示课件）好，女同学来读读。你觉得哪里美了？（学生答）你把这种美读出来。（老师感觉有一点朦朦胧胧的美了，谁能够把这些画面更好地展现给大家）现在，我们一起来读读。

⑦ 这个情景真的很美，让我们从视频中再次去感受。（播放视频并配乐）

⑧ 同学们，从刚才的视频当中，我们感受到了宁静的夜晚是多么美呀，现在，让我们也一起配上音乐，美美地把它读一读：夏天最美是夜晚……（配乐朗读）

（3）总结学习方法。

① 好了，同学们，刚才我们学习了课文第1、2自然段，那么现在我们

来总结一下你刚才在学习这两段的时候运用了哪些方法？A.找关键词句；B.想象画面；（在脑子里）C.有感情朗读。（同时出示课件）齐读这个学习方法。

②下面请同学们用这样的方法学习课文第3、4自然段，找出让你觉得美的词句，用"＿＿＿＿"画出来，一边读一边想象画面。（同时出示课件）学生自学，教师巡视。

（4）学习第3自然段。

①我们来看看秋天的黄昏，找出你认为写得美的词句。

②学生汇报："夕阳斜照西山时，动人的是点点归鸦急急匆匆地朝巢里飞去。"（同时出示课件）你脑海中出现怎样的画面？学生答。

③归鸦急急匆匆回去干什么？（喂孩子，家里有孩子在等着……）从"急急匆匆"这个词语看出归鸦的心情非常着急，你来读出这种着急的心情。你也来读读。谁能够读得更好？

④除了这个美，还有哪个美？学生汇报："成群结队的大雁，在高空中比翼而飞，更是叫人感动。"什么叫比翼而飞？（排得非常整齐地飞）你又想到了什么？（同时出示课件）让我们把这种画面读出来。

⑤除了这些是美的之外，还有哪些声音也是美的？大家听（播放风声、虫鸣的声音）你仿佛还听到了什么？学生答：这些声音形成了一首交响曲。

⑥让我们配上音乐，美美地把这幅美丽的秋景读一读。（配乐读）

⑦秋天除了文中提到的事物，你还能想到有哪些事物是美的？你来说。

⑧其实我们身边的秋天还有似火的枫叶、姹紫嫣红的菊花、金黄的稻谷、果实累累等。秋天就是一个丰收的季节。（出示课件）

（5）学习第4自然段。

①冬天的早晨又美在哪里？（出示课件：第4自然段）

②学生汇报："落雪的早晨当然美，就是在遍地铺满白霜的早晨，或是在无雪无霜的凛冽的清晨，也要生起熊熊的炭火。"还有写得美的地方吗？"手捧着暖和的火盆穿过走廊时，那闲逸的心情和这寒冷的冬晨多么和谐呀！"（出示课件：画出来的句子）读这些句子的时候，你的脑海里想象到了一幅怎样的画面？学生答。

③请一个同学来读读画线的句子，其他同学闭上眼睛认真倾听，去感受冬天的美。

④ 从刚才这个同学的朗读中，我们感受到了冬天之美。现在，让我们配上音乐，美美地读读。（配乐）

（三）小结

（是啊，四季之美真的各具魅力）

作者用总分结构和动静结合的写法描写了春、夏、秋、冬四个季节的美丽景色，表达了作者热爱大自然的思想感情。

（四）升华情感，感受罗定四季的美

同学们，在这节课，我们走进了作者的文字当中，感受到了四季之美。其实我们身边也不缺乏美，我们罗定的四季也非常美。现在我们来感受一下罗定的美。（出示课件：图片并配乐）

（五）练笔

（欣赏完这么美的风景，现在，请大家用笔把罗定之美展现出来）

（1）仿照课文总分结构和动静结合的方法，用一段话写写春天的早晨。（出示课件）

（2）展示作品：大家听一听，他有没有运用总分结构和动静结合的写法突出春天之美。

（六）布置作业

（1）背诵课文。

（2）收集有关描写四季的诗词。

《蜘蛛开店》识字教学设计

——部编版小学语文二年级下册第一课时

罗定市实验小学　文秋越

【教学目标】

（1）引导学生在学习课文的过程中随机识字，运用紧密联系生活实际、追溯汉字的演变过程、结合语境等方式认识"店""寂""寞""罩"等10个生字，教会学生写"商""店""决""定"4个字。

（2）正确、流利地朗读课文；能根据课后习题中出示的示意图，用自己的话简单概括童话故事的内容。

（3）自编歌谣，引导学生通过诵读歌谣，在读歌谣的过程中体会蜘蛛在开店卖口罩等物品时心情的变化，为下节课展开想象续写故事做铺垫。

【教学重点】

（1）采用联系生活、追溯字源、结合语境等方法识记10个生字。

（2）体会蜘蛛在卖口罩时心情的起伏变化，并用朗读的方式表现出来。

（3）能根据示意图，简单概括童话故事的内容。

【教学难点】

（1）体会蜘蛛在卖口罩时心情的起伏变化，并用朗读的方式表现出来。

（2）能根据示意图，简单概括童话故事的内容。

【教学过程】

（一）趣味导入

1. 猜谜语，初识故事主人公

同学们，你们喜欢猜谜语吗？大家一起来猜猜这三则谜语，想一想它们分别是什么小动物？（大屏幕出示谜语，随后展示三组动物图片：蜘蛛、河马、蜈蚣）

2. 认识"蜈""蚣"二字

出示蜘蛛、蜈蚣图片，观察图片，介绍蜘蛛、蜈蚣都是动物，所以"蜘蛛""蜈蚣"都是虫字旁的生字。让学生思考：除了"蜈蚣"之外，你还认识哪些昆虫或是由虫字旁组成的生字。（学生列举，教师总结归纳：虫字旁的生字一般与昆虫有关）

蜘蛛、河马、蜈蚣它们相聚在一起，会发生什么有趣的事情呢？今天我们就来学习一篇有趣的童话故事：《蜘蛛开店》。

（二）初读课文，自学感悟

同学们，请你运用"读一读、想一想、标一标、圈一圈"的自学方法来自主学习课文，边读课文边思考问题：

（1）课文一共多少个自然段？请你在文段开头用数字标出来。

（2）蜘蛛为什么会决定开店？它开店都卖了什么东西？结果怎么样？

（3）你喜欢课文中的小蜘蛛吗？为什么？

（4）请你在课文中找出"写字表""识字表"中出现过的生字及词语，用括号圈起来，并把它们都读一读。

（三）自学检测，随机识字

1. 自学检测——识字闯关小游戏

（1）出示生字识字闯关晋级表。

（2）学生自由认读生字，圈出自己认识的生字。

（3）统计学生识字情况。

（4）出示词语，采用开火车的形式来检查学生的自学情况：

蹲在	商店	寂寞	口罩	编织	顾客
付钱	工夫	长颈鹿	匆忙	蜈蚣	终于

2. 联系生活实际进行识字教学

（1）学习"编""织"两个生字。

① 师：同学们，你们见过蜘蛛吗？你觉得它最厉害的本领是什么？（吐丝、织网、抓害虫）

② 是啊，蜘蛛最会吐丝了，它喜欢吐丝编织网。（出示课件：一张蜘蛛吐丝织网的动态图）因为蜘蛛吐出来的丝一条条的，要连在一起才变成网，所以需要慢慢编，所以"编"字是绞丝旁的。

③ 出示一幅妇女织布图；让生观察并思考：绞丝旁的字一般与什么有关？

④ 总结规律：绞丝旁的字一般与丝线和编织有关。与此相类似的字还有"线""红""绿""细""纺"……

过渡：有一天，小蜘蛛在街上闲逛散心，发现很多小动物都开了商店，我们一起来读一读这些商店的名称吧！

（2）学习书写生字"商""店"。

① 出示商店名称，让全体学生齐读。

② 出示生字"商""店"，让学生仔细观察字形结构。

③ 教师讲解生字结构，示范书写生字。

"商""店"两个字都有一个"口"，但是这两个字的"口"大小不一。"商"字是上下结构，上扁、宽，下长、窄。同字框，八口往里装。"店"是半包围结构的生字，点站中线右侧，一撇要舒展，一竖紧贴竖中线，短横挨靠横中线。

④ 学生描红写字，教师巡视指导，展示优秀书写作业。

（四）精读课文，探究文本

1. 探究蜘蛛开店的原因，理解"寂寞"一词

（1）同学们，现在你们化身为小蜘蛛，设想一下：星期一你蹲在网上等小飞虫，星期二你蹲在网上等小飞虫，星期三你还蹲在网上等小飞虫，你会有怎样的心情？

（2）根据学生回答，出示"寂寞"一词，让学生仔细观察字形，教师分析生字："寂""寞"两个字都是宝盖头，"寂"表示没有声音，"寞"则表示没有人，两个字连起来则表示家里面既没有人，也没有声音，所以人会感到安静、孤单，这就是"寂寞"。

（3）联系生活实际说"寂寞"。

提问学生：你在什么时候感受到寂寞？（学生结合日常生活体会说感受）

是啊，小蜘蛛每天都在网上蹲着，没人陪它聊天、玩耍，它是多么寂寞、无聊哇！

（4）男女生轮读文段，再次体会、感受小蜘蛛寂寞的心情！

过渡：为了打发时间，小蜘蛛做了一个决定，凭借自己的本领开一家编织店。

2. 学生书写生字："决""定"

（1）出示词语"决定"，全班学生齐读词语。

（2）出示"决""定"两个生字，让学生观察两个生字在田字格里面的占格位置，请学生说书写生字时要注意的细节。

（3）指导学生书写生字。

决：左右结构，点、提分布在左上、左下两格，横折要坚定，一横要横穿横中线，撇捺人形要舒展。

定：上下结构，上大下小。下部撇笔要收，捺笔要舒展。

（4）学生描红仿写，教师巡视指导。

过渡：小蜘蛛的店铺终于开张了，我们一起去看看它都卖什么商品吧！

3. 梳理文本脉络，探究蜘蛛频繁换招牌的原因

（1）请快速默读课文，看看蜘蛛开店以来都销售过哪些物品？请你用圆圈圈出来。

（2）生汇报，教师总结：原来蜘蛛小兄弟卖了口罩、围巾、袜子这么多的物品啊，我们一起看看并了解一下这些日常生活中常见的物品吧。（出示口罩等物品图片）

（3）生齐读"口罩"等词语，教师进行识字教学：

"罩"是上下结构的字，上面的"罒"表示"网"，下面的"卓"表示高的意思，联合起来表示从高处落下的网就是"罩"，我们可以结合日常物品给生字"罩"组词：灯罩、口罩、面罩……

（4）放词入句，齐读句子，巩固识字："口罩编织店，每位顾客只需付一元钱。"

（5）我们知道袜子是用丝、棉、尼龙等为原料织成或用布做成的穿在脚上的东西，所以是衣字部，你还知道哪些衣字部的生字呢？（学生列举，教师总结归纳：衣字部一般与衣服有关）

（6）蜘蛛先卖口罩，接着卖围巾，最后卖袜子，它的商品都分别卖给了谁？请你在文中找找相关答案，并用圆圈圈出来吧！

（7）学生汇报，教师总结，进行识字教学：

认识生字"顾""颈"。

（出示河马、长颈鹿、蜈蚣的图片）河马、长颈鹿、蜈蚣都是蜘蛛兄弟的顾客，我们了解了这些顾客的名字，现在大家亲切地喊它们一声吧！

出示"顾""颈"两个生字，让学生仔细观察，思考这两个生字有哪些相同部分？

教师强调"颈"是后鼻音，出示"页"字演变过程，认识页字边并列举学生认识的有页字边的字。

过渡：开店第一天，蜘蛛卖力地吆喝，我们一起去看看它家商店都有哪些新奇的商品吧。

（8）出示自编歌谣《小蜘蛛开商店》，师生合作诵读，在反复诵读中体会小蜘蛛的心情变化。

教师：小蜘蛛，好无聊，毅然决定开商店。

学生：请问蜘蛛弟弟想开什么店？

教师：口罩编织店。蜘蛛我心灵手又巧，织物快易便（便宜）。

学生：铃铃铃，顾客到，蜘蛛在欢笑，看到它，蜘蛛吓得晕倒了！

旁白：是谁把小蜘蛛你吓坏啦？

教师：小小河马身强壮，它的嘴巴似水缸，为它织口罩，忙活了我一整天！（做擦汗的动作）

学生：口罩编织不容易，小蜘蛛，累趴倒，一心决定换店名！

小蜘蛛，开商店，请问你又想开什么店？

教师：围巾编织店，每位顾客只需付一元，围巾立马编织好。

学生：铃铃铃！来顾客，要围巾，蜘蛛看不见！

教师：哈哈哈！谁在朝我笑？一抬头，不得了！顾客是长颈鹿，它的颈像树般高，我日夜为它织围巾，一星期，还没好……（做摇头打哈欠的动作）

学生：织围巾，很简单？不不不，忙得蜘蛛泪两行！蜘蛛慌，立马更换店名了（liǎo）。

小蜘蛛，开商店，请问你又准备开什么店？

教师：袜子编织店，袜子好，护双脚。好袜子，蜘蛛造！

学生：铃铃铃，客来了（liǎo），蜘蛛看后急急躲墙角。来者何人也？

教师：多脚蜈蚣！我得快快跑！

教师指导学生朗读技巧，采用全班齐读、男女生轮读的方式来多次诵读歌谣，在诵读过程中感悟蜘蛛为什么要多次更换店名。

（五）总结文章内容，尝试根据示意图讲故事

（1）请2~3名学生根据课文内容在黑板贴一贴蜘蛛开店期间所卖的物品。

（2）蜘蛛小兄弟编织口罩、围巾、袜子这些物品分别用了多长时间？小组合作在文中找一找答案，并用三角符号标出来。

学生汇报，师总结：一整天、一个星期、匆忙跑回网上。

同学们，这些都是蜘蛛编织物品时用的工夫，我们再次读读这些词语，体会蜘蛛工作的不容易吧！

（3）小组交流合作，尝试根据板书示意图用自己的话讲讲《蜘蛛开店》这个小故事。

（4）教师化身为电视台主持人，采访一下小蜘蛛为何频繁换店名。

（六）拓展延伸，布置作业

小蜘蛛看到蜈蚣，吓得匆忙地跑回网上，接下来，它们之间会发生什么有趣的事呢？小蜘蛛在经历卖口罩、卖围巾、卖袜子后，它还会继续卖其他商品吗？发挥你的想象力，跟小伙伴讨论交流，把你想到的内容说给你的父母或朋友听吧！

（七）板书设计

20. 蜘蛛开店

```
              蜘蛛开店
        ┌───────┼───────┐
        ↓       ↓       ↓
     卖口罩    卖围巾    卖袜子
        ↓       ↓       ↓
      河马    长颈鹿     蜈蚣
        ↓       ↓       ↓
     一整天   一个星期  匆忙跑回网上
```

生字教学部分：

"多角度描写某一季节"教学设计

——部编版小学语文四年级下册第八单元"语文园地"之词句段运用

罗定市实验小学　邹金凤

【教学目标】

（1）学习描写冬天这个季节的技巧，体会不同季节有不同的特点。

（2）学习从不同的角度来描写某一季节，会照样子写出其他季节。

【教学重难点】

引导学生观察自己身边的景物，运用各种写作手法写其他季节。

【教学过程】

（一）谈话导入

（1）教师：同学们，在前两节课中，我们学写了第八单元的习作《故事新编》，并对这篇习作进行了点评。同学们都学会了如何去修改自己的作文。这是小张同学修改前后的习作，大家请看看并注意一下红色的句子，说说你有什么发现。

学生：修改后的文段写得更精彩，加上了一段景物描写。

（2）教师PPT出示课件并讲解景物描写的作用。

（3）教师：这节课就让我们一起学习如何从多角度去描写某一个季节。（板书）

（二）学习新课

（1）出示语文园地中词句段运用第二题的内容。

教师：请同学们翻开书本，看词句段运用第二题，然后读一读题目向我们提了多少个要求？学生汇报。

（2）现在请同学们自读这三个句子，想一想句子中描写了哪个季节的景物？作者分别运用了哪些方法描写？

（3）请一个学生读第一个句子，其他学生认真听并注意一下红色的这些词语，想一想从中可以看出这个句子运用了哪种修辞手法？（拟人）

（4）教师：在平时的写作中，我们不仅可以用拟人手法，还可以用比喻、排比、夸张等修辞手法去描写景物。由此可以总结出：用修辞手法描写自然现象。（板书：修辞手法）

（5）展示学生在习作中运用修辞手法写景物的佳句。

（6）请两个学生分别读第二、三个句子，并提醒学生注意一下红色的这些词语，想一想它们分别写了冬天的哪些事物。

（7）教师总结：这两个句子都是抓住了冬天的典型事物去表现季节的特点。（板书：典型事物）

（8）展示学生在习作中抓住典型事物表现季节特点的佳句。

（9）师总结这三个句子的写法：这三个句子都突出了"冬天冷"这个特点，作者从不同角度、用不同方法把季节的特点表现得更加突出。

（10）教师：其实，要把每个季节的景物都描写好，还要结合运用多个感官描写。现在让我们回顾一下学习过的课文。

（11）教师出示课文例句并总结：这些句子都分别从视觉、听觉、嗅觉、味觉方面描写并表现事物，突出季节的特点。（板书：多种感官）

（12）以《巨人的花园》片段为例，引导学生结合运用多种方法，用总分结构去写自己喜欢的某一个季节。

（13）出示星级评价表，明确写作要求。

（14）欣赏春、夏、秋三个季节的风景图片，拓展学生的写作思路。

（15）学生动笔写作8分钟。

（16）教师对照星级评价表点评学生习作。

（三）对照板书总结本节课学习的内容

（略）

（四）布置作业

请运用这节课学到的写作方法去修改你的习作。

（五）板书设计

多角度描写某一季节

1. 修辞手法；

2. 典型事物；

3. 多种感官。

"写读后感"教学设计

——部编版教材五年级下册第二单元习作

罗定市第一小学　李永红

【教学目标】

（1）能初步了解写读后感的基本方法。

（2）能选择读过的一篇文章或一本书写读后感。

（3）学会根据"读后感五星作文评价表"评价修改自己的读后感。

【教学重难点】

指导学生把读后感的感想部分写得真实、具体。

【课时安排】

1课时。

【教学准备】

（1）自编预习单——自制的读书卡（见附件1），布置学生课前完成。

（2）教师的下水文《武松让我学会了勇敢——读〈景阳冈〉有感》（见附件2）。

（3）自制课件PPT。

【教学过程】

（一）唤起阅读记忆，拓展选材思路

（1）谈话导入。

同学们好！自学校开展"与经典为友，和幸福牵手"读书活动以来，我们读过的名篇名著越来越多。在第二单元里，我们又接触了中国四大名著（《三国演义》《水浒传》《西游记》《红楼梦》）。我们阅读的时候，往往会有哪些感想？（投影教材第36页）

（2）结合教材第一部分，引导学生明确什么是读后感。

① 学生阅读圈画教材第一部分。

② 生生、师生交流。（导语：对了！有时一些人物会给我们留下深刻的印象，如《安徒生童话》中的小人鱼、丑小鸭，《水浒传》中的武松、林冲，《西游记》中的孙悟空，等等。有时一些情形、内容会让我们受到触动，如《祖父的园子》中"我"跟着祖父学种菜的温馨情景；《红楼梦》中宝玉、黛玉等在大观园里放风筝的故事。有时文字里蕴含的道理会让我们受到启发，如《铁杵成针》揭示做事要有恒心的道理；《落花生》教育我们做人要做有用的人，不要做只讲体面而对别人没有好处的人……）我们把读一篇文章或一本书的感想写下来，就是读后感。

（二）剖析习作要求，学习写作方法

（1）阅读教材第二部分，探究写读后感的方法。

① 问题引领：写读后感的基本方法是怎样的？

② 学生自主阅读教材第二部分，圈画相关语句。

③ 讨论交流，明确写读后感的基本思路：先简单介绍文章或书的内容，可以重点介绍印象深刻的内容，即内容概括（板书：内容概括）；再选择一两处你感触最深的内容，写出自己的感想，感想要真实、具体（板书：自己的感想、真实具体）。

（2）继续探究把自己的感想写真实、具体的妙招。

① 问题引领：把自己的感想写真实、具体的妙招有哪些？

② 学生继续在教材第二部分寻找方法。

③ 交流把自己的感想写得真实、具体的方法：选择一两个感触最深的

内容写，联系实际写，引用原文个别语句写。

（3）阅读教材第三部分，探究为读后感拟标题的方法。

（4）小结。

一篇完整的读后感一般包含标题、内容概括、自己的感想。

（三）借助范文示例，生成评价量表

（1）过渡语。

我们阅读常有的感想包括对人物印象深刻、被内容所触动、从道理中受到启发，我们可以从不同的角度写读后感，那么，我们先学习怎样从人物入手写读后感。

（2）投影《读〈景阳冈〉有感》的标题和内容概括两部分，学习标题、内容概括的写法和要求。

① 探究标题的写法和要求。

A.问题引领：读后感的标题有哪两种写法？

B.交流、小结：一是只列一个主标题；二是主标题+副标题，其中正标题是习作中心意思的提炼，副标题是对正标题的补充说明。例如，《读〈景阳冈〉有感》原来是正标题，在前面加上"武松让我学会了勇敢"这一正标题后，"读《景阳冈》有感"就成了副标题，并且要在它前面加上破折号。

C.设疑：我们是不是可以随随便便给读后感加一个主标题呢？（不是，标题必须简练恰当，与读后感的内容紧密相关，如"武松让我学会了勇敢"）

② 探究交流内容概括的写作要求。

A.听录音朗读内容概括部分，思考：这部分在写法上有什么特点？

B.小结：小作者仅用了几十个字就准确地概括了《景阳冈》的主要内容，读后感的内容概括要简洁准确。（板书：简洁准确）

（3）重点指导如何把自己的感想写得真实、具体。

① 导语：同学们，读后感的感想要真实、具体，怎样把自己的感想写得真实、具体呢？

② 导语：我们看看作者感触最深的内容是什么？请听录音朗读。（武松是个勇敢机智的英雄）

③ 教师小结点拨：主标题是"武松让我学会了勇敢"，所以作者紧紧

抓住"武松是个勇敢机智的英雄"这点谈自己的感想，也就是选准感触最深之处。

④ 导语：为了说明"武松是个勇敢机智的英雄"，作者引用了原文的哪些语句呢？

⑤ 追问：你发现在引用原文语句时要注意什么？讨论归纳：引用原文简短有力。

⑥ 为了使自己的感想真实、具体，为了说明"武松让我学会了勇敢"，作者联系实际写了哪些事情？

A."我"怕黑，不敢到邻居晓东家庆祝生日。

B."我"怕老鼠、蟑螂，姐姐取笑我是"胆小鬼"。

C."我"和爸爸合力打死了小老鼠。

⑦ 教师小结：这些事情恰当、具体地说明了"武松让我学会了勇敢"，因此联系实际要恰当、具体。

（4）归纳小结，出示"读后感五星作文评价表"。

读后感五星作文评价表

评价内容		等级	自评	他评
标题简练恰当		★		
内容概括简洁准确		★		
感想真实具体	选准感触最深之处	★		
	引用原文简短有力	★		
	联系实际恰当具体	★		

（四）发起头脑风暴，构思文章内容

（1）你准备选择读过的哪一篇文章或哪一本书写读后感？

（2）你感触最深的人物是谁？他（她）哪一方面让你感触最深？准备引用原文哪些语句写？

（3）联系实际写什么？（写自己的生活经验；写从报刊、电视、互联网上看到的事例；写自己身边的人或事）

（五）动笔写读后感，迁移写作方法

请你选择读过的一篇文章或一本书，从人物入手写一篇读后感，要求：

（1）先写你什么时候读过哪一篇文章或哪一本书，印象最深的人物是谁。

（2）再简单介绍文章或书的内容，可以重点介绍印象深刻的内容，即写内容概括部分，这部分要简洁准确。

（3）然后写自己的感想，感想要真实、具体。注意：要围绕你感触最深的内容来写感想。

（4）最后给读后感加上标题，最好有正标题和副标题。

（六）对照评价量表，自主评价修改

（1）对照"读后感五星作文评价表"，自己修改写好的读后感。

（2）与同学交换修改。

（3）誊抄在作文本上。

（七）课后拓展训练，巩固写作方法

二选一：

（1）尝试从内容入手，写一篇读后感。

（2）尝试从道理入手，写一篇读后感。

（八）板书设计

写读后感

标　　题：　　简练恰当

内容概括：　　简洁准确

自己的感想：　真实具体

【教学反思】

本次习作教学坚持以下三个原则，收到了很好的教学效果。

（1）教学内容"小而精"的原则。

原因有三：①教学时间短（不超20分钟），师生互动的时间短甚至为零，学生注意力集中的时间短，课时教学内容必须精简。②统编教材中，第一次出现写读后感的要求，安排的教学内容更应小而精，所以，本节课重点指导学生从印象深刻的人物入手写读后感。如果对人物印象深刻、被内容所触动、从道理中受到启发三个方面都在一节课指导，学生难以接受。③学生在平常的阅读中，对人物形象最感兴趣，且这个单元的《草船借箭》《景阳冈》《猴王出世》人物形象丰满，从人物入手指导学生写读后感，容易引起学生的共鸣。

（2）习作指导"一课一得，讲、练、评三位一体"的原则。

本节课的每一个环节都围绕读后感的"标题简练恰当、内容概括简洁准确、自己的感想真实具体"的要求展开，从"剖析习作要求，学习写作方法"，到"借助范文示例，生成评价量表"，再到"发起头脑风暴，构思文章内容"和"动笔写读后感，迁移写作方法"，及至"对照评价量表，自主评价修改"，都在引导学生按照"读后感五星作文评价表"的要求，掌握写读后感的方法。

（3）坚持学生作文自评自改的原则。

要引导学生学会修改自己的文章，就要让学生知道评改的依据，因此在剖析范文时生成的"读后感五星作文评价表"发挥了标尺的作用，既是习作方法的指导，又是评改作文的依据，有效地促进了学生写作能力的提高。当然，要水到渠成地生成"读后感五星作文评价表"，选择恰当的范文至关重要，因此本人备课时以儿童的口吻，专门撰写了一篇下水文《武松让我学会了勇敢——读〈景阳冈〉有感》。

附件1：

五年级下册第二单元习作"写读后感"预习单		
学校： 班别： 姓名：		
上课前，请认真阅读你最想推荐给同学的一篇好文章或一本好书，填写下面的读书卡		
文章题目或书名		
主要内容		
印象最深的人物以及原因	人物	
	原因	
受到触动的事情（情形）以及原因	事情（情形）	
	原因	
深受启发的道理以及原因	道理	
	原因	

附件2：

武松让我学会了勇敢

——读《景阳冈》有感

（1）在老师的指导下，我津津有味地品读了《景阳冈》，对武松的敬佩之情油然而生。

（2）《景阳冈》选自施耐庵的《水浒传》第二十三回，具体写了武松在酒店里喝了十八碗酒，不听店家劝告，大踏步走上景阳冈，在景阳冈赤手空拳打死一只吊睛白额老虎的故事。

（3）武松是个勇敢机智的英雄。当武松走到山神庙前，看见官府的榜文，知道真的有虎，他细想了一会儿，说道："怕什么，只管上去，看看怎么样。"当我读到"忽然起了一阵狂风。那一阵狂风过了，只听见乱树背后扑地一声响，跳出一只吊睛白额大虫来"，我真为武松捏一把汗；当读到"武松用右手紧紧地揪住大虫的顶花皮，空出右手来，提起铁锤般大小的拳头，使尽平生气力只顾打……"时，我紧握着拳头，觉得浑身是劲，好像自己可以助武松一臂之力。

（4）是武松使我克服了胆怯。以前，我怕黑，一到晚上就不敢出门。有一次，邻居好朋友晓东过生日，请我到他家庆祝生日，因为怕黑，我就是不敢出门。结果，晓东给我送来一块生日蛋糕，当然，也免不了批评我胆小。不仅这样，在家看见老鼠、蟑螂什么的，我都被吓得大声尖叫。姐姐取笑我是"胆小鬼"。读了《景阳冈》，武松打虎的一幕时常浮现在我的脑海中，我想：武松连凶猛的老虎都不怕，我男子汉大丈夫怎能被小小的老鼠、蟑螂吓着呢？于是，我开始强迫自己克服胆小的毛病。

（5）一天晚上，爸爸、妈妈和姐姐都不在家，我把屋里的灯都关掉练胆量。过了一会儿，屋里一切正常，我胆子越来越大。等我听到墙角边有动静的时候，突然开灯，发现一只小老鼠溜进了厨房，我连忙关上厨房门，把老鼠关在里面。这时候，爸爸回来了，我们合力打死了这只狡猾的东西。姐姐夸我是"男子汉"。

（6）《水浒传》这部小说中还有宋江、林冲、吴用等英雄人物，我也从他们身上汲取了智慧和力量。我还要读其他名著，从中获得更多的启迪。

《真理诞生于一百个问号之后》教学设计

——部编版教材六年级下册第五单元第二课时

罗定第一小学　刘华莲

【教学目标】

（1）正确、流利、有感情地朗读课文，能联系上下文理解"真理诞生于一百个问号之后"的含义，并说出自己受到的启发。

（2）能概括文中列举的三个事例，体会课文是怎样用事例来说明观点的，能了解每一个事例的表达顺序。

（3）能仿照课文的写法，用具体事例说明一个观点。

（4）拓展阅读文段，说说自己在"阅读链接"《詹天佑》中体会到的科学精神。

【教学重点】

研读三个关于科学发现的故事，体会它们在内容、写法上的共同点，从而体会课文是怎样用事例来说明观点的，并从具体事例中正确理解"真理诞生于一百个问号之后"的含义。

【教学难点】

体会并运用课文用具体事例说明一个观点的写法。

【教学准备】

（1）准备教学课件。

（2）布置学生预习课文，收集有关科学家善于观察、有所发现的故事。

【教学过程】

（一）复习检查，激趣导入

（1）复习旧知。

① 读读下列词语。

真理　诞生　领域　建树　无聊　吻合　偶然　灵感　机遇

司空见惯　追根求源　无独有偶　不可思议　见微知著　锲而不舍

② 这是一篇议论文，文章的论点（作者的观点）是什么？

③ 这篇课文的写作思路是怎样的？

（2）检查预习，激趣导入。

① 为了证明自己的观点，作者用什么方法来论证呢？

② 每个事例是按怎样的顺序写的呢？

设计意图：

上课伊始，通过复习，帮助学生巩固课文重点词语和回顾文本内容、文章结构，为学习下文做铺垫；通过检查预习，培养学生的预习习惯，同时让学生明确本节课的学习任务，使学生学有目标；抓住学习任务来设疑导入，是为了激发学生的学习兴趣。

（二）研读事例，探寻规律

（1）学习第一个事例。

① 读第3自然段，思考问题并按下表要求填空。

A.这一自然段中写的人物是谁？

B.他发现了什么现象？产生了哪些问题？

C.他是怎样探索的？最后找到了什么真理？

按要求填空表

人物	发现现象	不断发问（？）	探索过程（→）	找到真理（！）

②引导学生按以上问题思考，在文中找出答案并按要求填在表格里。

③朗读，小结。

A.这个事例是按怎样的顺序写的？

B.结合这个事例，谈谈对"真理诞生于一百个问号之后"这个句子的理解，并谈谈从中受到的启发。

设计意图：

先引导学生学习第一个事例，为学生自主学习、合作探究第二、三个事例打好基础。

（2）学法迁移，小组合作。

①出示以上问题和表格，让学生用学习第一个事例的方法学习第二、三个事例（第4、5自然段），思考问题并完成表格填空。

②小组按表中的问题汇报，并结合事例理解"真理诞生于一百个问号之后"的含义。

（3）比较阅读，寻找规律。

①出示比较阅读表（预设答案）。

比较阅读表

人物	发现现象	不断发问（？）	探索过程（→）	找到真理（！）
化学家波义耳	偶然发现盐酸会使花瓣变红	是什么？会不会？有什么反应？	他进行了许多实验	制成了石蕊试纸
气象学家魏格纳	地图的凹凸部分吻合、蚯蚓的分布	是一种巧合吗？为什么却没有？	他将地图上的陆地做了比较，阅读了大量的相关文献，收集古生物方面的证据	欧洲大陆与美洲大陆本来是连在一起的，出版了《海陆的起源》
睡眠研究家阿瑟林斯基	儿子睡觉时眼珠会转动	是一种巧合吗？为什么却没有？	他对自己八岁的儿子和二十名成年人进行了反复的观察实验	睡觉时眼珠转动与做梦有关

②对照比较阅读表，小组讨论。

A.作者列举了哪些事例？

B.为什么要列举这三个事例？

（预设：①因为这三个事例都是很平常的事；②这三个事例提到的科学家发现和发明的过程是相同的：都是先偶然发现某一种现象，然后根据这种现象会产生许多问题，再进行反复的研究和试验，最后解决了问题，得出了结论。）

C. 有感情地自由朗读第3~5自然段，思考：这三个事例是按怎样的顺序写的？

（预设：发现问题→研究问题→解决问题。）

设计意图：

学生在教师的示范引领下学习了第一个事例，然后进行学法迁移，通过勾画、对比、合作、探究的方式，发现三个具体事例相同的叙述层次以及有详有略地说明观点的写作方法。

（三）回顾全文，总结写法

（1）再读课文，想一想课文写了什么？

（2）标题"真理诞生于一百个问号之后"的含义是什么？你从中受到了什么启发？

（3）再回顾课文，想一想文章的结构是怎样的？

① 预设：提出论点→举例论证→总结论点。

② 点拨：这就是本文的段落结构，议论文就是按这样的结构写的。

设计意图：

引导学生回顾课文内容，进一步理解课题的含义，相机教育学生学习科学家善于观察、不断发问、不断解决疑问、锲而不舍地追根求源的科学精神；引导学生掌握议论文的写作方法，是本文教学的重难点；将探究出的写作方法熟记于心，为下一个环节"仿照文章的写法说明一个观点"做了铺垫。

（四）学以致用，模仿练笔

（1）学习第6、7自然段，拓展思维。

① 指名读，思考："在科学史上，这样的事例还有很多"中"这样的事例"指的是怎样的事例？你还知道哪些类似的事例？

② 这说明了什么？

（2）范文引路。

例：失败是成功之母。

（提出论点）阳光总在风雨后，若你能从挫折中站起来，重新出发，必定能获得成功，因为"失败是成功之母"。（举例论证）例如，伟大的发明家爱迪生，一生的成功不计其数，一生的失败更是不计其数。他曾为一项发明经历了八千次失败的实验，可他却并不以为这是浪费，并且说："我为什么要沮丧呢？这八千次失败至少使我明白了这八千次实验是行不通的。"这就是爱迪生对待失败的态度。他每每从失败中吸取教训，总结经验，从而取得一项项建立在无数次失败基础之上的发明成果。（总结论点）古今中外，有许多成功者都是从失败中站起来的。"失败是成功之母"不仅应当成为我们喜爱的一句格言，更应该成为我们行动的指南。

（3）仿照课文及上段例文的写法写一段话，用具体事例说明一个观点。

（4）出示星级评价表，让学生对照评价表的项目去写作并进行自评。

星级评价表

评价内容	星级	自评	他评	集体评
提出观点	★★			
用具体事例说明观点	★★			
总结观点	★★			

设计意图：

让学生先说后写，杜绝作文无话可写的现象；在总结课文写法的基础上再加范文引路，让学生的仿写更形象、直观，让学生更容易掌握用具体事例说明一个观点的写作方法；针对不同水平的学生制定阶梯式的评价标准，点燃每一个学生的写作激情，使每一个学生都能学有所获。

（5）拓展阅读，升华中心。

① 阅读课后"阅读链接"《詹天佑》，结合生活经验谈一谈自己获得了哪些启示。

② 启发学生善于观察生活，独立思考，多问几个"为什么"。

设计意图：

通过拓展阅读，在增加学生阅读量的同时深化文章的中心思想，进一步达到育人的目的。

（6）板书设计。

真理诞生于一百个问号之后（议论文）

观点　真理诞生于一百个问号之后

事例
1. 盐酸会使花瓣变红　　制成了石蕊试纸
2. 地图的凹凸部分吻合　欧洲大陆与美洲大陆本来是连在一起的
3. 睡觉时眼珠会转动　　睡觉时眼珠转动与做梦有关

总结　善于发问　独立思考　锲而不舍　找到真理

【教学反思】

本节课，我认为运用"快乐·高效"的课堂教学模式进行教学，在以下三个方面是做得较好的。

（1）充分调动了学生的积极性。学生是课堂学习的主人，在整个教学过程中，我始终让学生积极主动地参与教学的全过程，给学生以充分自读自悟的时间，让学生有充分的时间圈画、思考、交流、汇报、朗读、表达……让学生真正成为学习的主人，在语文课堂上有所收获。

（2）紧扣重点，突破难点。从具体事例中正确理解"真理诞生于一百个问号之后"的含义，体会并运用课文通过具体事例说明一个观点的写法是本课教学的重难点，通过读读议议、说说写写等多种方式突出重点、突破难点。

（3）拓展阅读，升华中心。以文带文是帮助学生增加阅读量、增长课外知识、巩固课文学习的最佳途径。我通过引导学生阅读课后"阅读链接"《詹天佑》达到了拓展阅读、升华中心的目的。

一节课下来，自我感觉本节课教学目标基本达成，学生的学习效果也不错，但是还存在不足的地方：在引领学生领悟文章的表达方法方面，这堂课还是显得有所欠缺，没有给出一定的时间让学生朗读和感悟。

"文言文二则"之《囊萤夜读》教学设计

——部编版小学语文四年级下册课文

罗定市实验小学　邹金凤

【教学目标】

（1）认识"恭""勤"等4个生字，正确书写"囊""萤""恭""勤""博""贫""燕"等9个字。

（2）能正确、流利地朗读课文，通过不同形式的朗读，读出文言文的韵味和趣味，力求熟读成诵。

（3）指导学生借助注释、扩词、联系上下文等方法读懂课文，理解故事大意。

（4）理解重点词句，从人物的细节描写中感受人物无论在何种困难的境地都能勤奋学习、孜孜不倦的品质。

【教学重难点】

（1）能正确、流利地朗读课文。

（2）关注车胤学习条件的艰苦，感受车胤学习的勤奋刻苦。

【教学准备】

多媒体课件。

【教学过程】

（一）回顾引路

（1）让学生背诵之前学习过的文言文《司马光》《守株待兔》《精卫填海》。

（2）回忆学习古文的方法：①读通读准课文。②借助课后的注释，联系上下文理解。

（3）通过平时学习古诗知道学古文不能生搬硬套，要学会用自己的话读懂课文的意思。

（二）激趣：导入新课

（1）介绍《晋书》：（出示课件）《晋书》是中国二十四史之一，由唐朝房玄龄等21位大臣共同编撰。它记载的是从三国时期开始一直到晋朝覆灭的史事，其中介绍了相当多的名人，如谢安、王羲之、顾恺之等。

（2）今天我们要来学习其中一个刻苦读书的名人故事。（出示课件）车胤，字武子，是东晋大臣。今天我们要学习的这个小故事名叫"囊萤夜读"（板书课题：囊萤夜读）。教师边板书边讲解"囊"的书写笔画，写时要注意写扁一些，共22笔。

（3）谁会读？（指名读）萤正音。齐读。

（4）在文中找找注释①，"囊萤夜读"究竟是什么意思？你能试着说说吗？（囊：文中作动词用，意思是用袋子装。囊萤：用袋子装萤火虫。囊萤夜读：用袋子装萤火虫照明，晚上用来读书）

（5）车胤为什么要这么做呢？请大家朗读课文，读时要做到：①把课文中的字词读准确。②读不流利的地方反复读。③没有标点的句子读出停顿节奏，能做到的话就用笔画出停顿标记。（出示课件，提出朗读要求，学生朗读）

（三）诵读：读好断句

（1）指名读课文，正音多音字。

（2）文言文要读出停顿，这样才能有助于听的人听懂。下面看看你做的记号是不是和老师的一样。听老师读，边听边补充做停顿记号。

（3）出示标有停顿符号的课件让学生自由练，重练"夏月/则练囊/盛数十萤火/以照书"，读准断句。

（4）师生循序渐进地接力读，出示课件。可用颜色区别，教师读用蓝色，学生读用红色。

① 教师：囊萤夜读，学生：选自《晋书·车胤传》。教师：胤，学生：恭勤不倦，教师：博学多通。教师：家贫，学生：不常得油。教师：夏月，学生：则练囊，教师：盛数十萤火，学生：以照书，教师：以夜继日焉。

② 第二次加大难度，师生齐读（可用绿色）：囊萤夜读，选自《晋书·车胤传》。教师：胤，学生：恭勤不倦，博学多通。教师：家贫，学生：不常得油。教师：夏月，学生：则练囊盛数十萤火，教师：以照书，学生：以夜继日焉。

（5）出示没有停顿符号的课件，指名学生读，全班齐读。

（四）读懂：理解文意

（1）借助注释，合作学习。同伴互相交流，说说理解的文章意思。

（2）检查学习情况，教师相机点拨。

① 课文一共有几句话？我们先来看第一句话。

"恭"和"通"借助注释理解。"勤"和"倦"通过联系上下文选择恰当的组词理解。在理解"勤"这个字的时候可以用"勤奋"和"勤劳"进行比较，选择什么？为什么？

师指出在理解文言文组词时要联系上下文选择恰当的词语帮助理解。

② 说说你读懂了什么？指名学生说一说第一句话的大体意思，其他学生可以补充纠正。教师恰当评价。

③ 说说你对车胤的认识。（学生自由发挥）

④ 齐读第一句，感受车胤的这种品格。

（3）那他究竟是怎样勤奋刻苦地学习而做到博学多通的呢？请同学来读读第二句，其他同学画出描写车胤动作的字着重理解，并说说这句话你读懂了什么，哪些地方还没读懂。

① 交流画出的动词："盛""照"，并用它组成恰当的词。

② 用联系上下文组词的方法说说对"贫""夏月""则""练囊""以""焉"的理解。指名学生交流，教师及时更正指出，"则"表示连接顺承，在这里解释为"就"。"夏月"：夏季。两个"以"在这里都解释为

用。"焉"：语气词，用于句尾，表示陈述或肯定。

③ 请学生看着书上的这幅画，用自己的话讲讲车胤读书的情景。指名学生说，教师予以恰当的评价。

④ 齐读第二句，边读边想象车胤勤学苦读的情景。

（五）感悟：积累拓展

（1）像这样刻苦学习的人有很多。例如，同一朝代的孙康，他也是没钱买灯油，晚上不能看书。一天半夜，他看到窗户外面透进一丝光亮。原来那是大雪映出来的光。于是，他穿好衣服，拿出书籍跑到屋外，不顾寒冷，立即看起书来。所以，《三字经》中有"如囊萤，如映雪"这样的描述，与之相关的成语是"囊萤映雪"。（出示课件，学生读）

（2）出示课件：圆木警枕。

（司马光）以圆木为警枕，小睡则枕转而觉，乃起读书。

这里还有一则短小古文，试着读读，指名读。

说说大体意思。教师恰当表扬。

（3）你还知道哪些形容刻苦学习的成语？学生交流。

（4）出示课件，学生自读，指名读，齐读。

囊萤映雪　凿壁偷光　悬梁刺股　圆木警枕　废寝忘食

以夜继日　　　　　　　夜以继日

（到了夜晚继续白天的学习）（形容的是不分白天黑夜的勤学）

教师应指出这两个词语不能替换。

（5）同学们，今天我们学习了《囊萤夜读》这篇小古文。此文赞扬了车胤的什么品质呢？另外，我们还回顾总结学习了许多有关勤学苦读的成语，收获颇丰。

（六）练习：熟读成诵

这么好的一篇励志小古文。我们一起再来读一读，并试着背一背。

（1）使用多种方法练习背诵。例如，学生两两互背，师生互背，学生齐背。

（2）指名学生背诵，当场奖励红花。

（3）课后我们还可以收集"凿壁偷光""悬梁刺股"这两个成语的小古文，学着给难以理解的字词恰当组词，或者借助上下文理解，或者借助词典理解，并讲给你的朋友听。

（七）总结课文，拓展延伸

（1）总结本文学到的理解文言文意思的方法和文章的中心思想。

（2）推荐学生阅读课外文言文《司马光好学》和《邴原泣学》

（八）布置作业

（1）背诵课文。

（2）和同学说一说这则文言文的意思。

（九）板书设计

22. 文言文二则

囊萤夜读 { 恭勤不倦 博学多通 以夜继日 } 勤奋学习 持之以恒

习作"我的乐园"教学设计

——部编版小学语文四年级下册第一单元

罗定市实验小学　邹金凤

【教学目标】

（1）回忆自己的生活乐园，明确"我的乐园"的写作内容。

（2）借助表格提示，写清楚乐园的样子和自己在乐园中的活动。

（3）运用各种写作手法，表达自己快乐的感受。

【教学重难点】

引导学生观察自己的生活，运用各种写作手法表达自己乐在其中的感受。

【教学过程】

（一）游戏激趣导入

（1）谈话激趣：同学们，在上课前我们先来玩一个游戏——看图猜字。请同学们猜一猜这是什么字。

（2）教师：从刚才的游戏中大家都感受到快乐了吗？那么现在请大家给"乐"字组个词吧！（快乐、乐园）

（3）教师：乐园是什么意思呢？乐园是指快乐的地方。我们每个人都有令自己感到快乐的地方，都有自己的乐园，这节课我们就来通过习作把自己的乐园介绍给别人吧。（板书课题：我的乐园）

（二）学习新课

（1）同学们，看到"乐园"这个词你联想到什么地方了？你的乐园是哪里呢？（学生各抒己见，师生交流）

（2）现在请同学们打开书本，看看课文给了我们哪些提示？（出示习作提示中的这些地方的图片）

（3）根据我们日常活动的地点，老师将"乐园"大致分为以下三类，分别是私人区域、公共区域和大自然。

（4）出示习作要求，明确习作的重点。同学们，选好了我们要写的乐园之后，我们请大家再仔细阅读习作的要求，想一想这篇习作应该重点介绍乐园的哪些方面呢？通过审题我们可以知道这次习作应该重点介绍乐园的样子、自己在乐园中的活动和乐园给自己的感受。（板书：样子、活动、感受）

（5）填写表格。

① 请同学们先读一读教材表格中的内容，然后交流表格中的内容。

② 整理思路。让学生交流：你准备介绍的乐园是什么样子的？在那里你最爱干什么？这个乐园给你带来了怎样的感受？

③ 让学生动手填写表格，及时记下自己刚才交流分享的内容。师生交流后教师出示范例。

④ 教师出示自己所填的范例。

（6）指导学生编写写作思路：同学们，想要介绍好你的乐园，请不要急于下笔，先好好构思，编写好写作思路。现在请大家看看老师编写的写作思路吧！（师出示自己的写作思路范例并讲解）

（7）现在请同学们在作文本上编写好你的写作思路吧！（学生编写写作思路）

（8）佳作引路。

① 怎样能把"我的乐园"的样子具体地介绍给大家呢？现在请大家看这篇例文的第1、2自然段。

② 通过讲解，让学生明白例文是开篇点题，写出了"我"的乐园就是学校操场。在介绍乐园的样子时采用白描的手法，按照方位顺序抓住事物的特点介绍了操场的布局。

③ 回顾课文《乡下人家》的写作顺序，总结出介绍样子的时候可以按

照时间、空间、方位等顺序写，也可以按整体到局部的顺序写。（板书：按顺序写）

④"我的乐园"这篇习作的重点是通过描写"我"在乐园中的活动，去表达自己的快乐之情，那写什么样的活动能让人感受到自己的快乐呢？现在请大家看这篇例文的第3自然段。

⑤引导学生发现，乐园中的活动既可以重点写自己经常做的事，也可以写自己的想象，还可以写跟他人一起做的事。总之，要写自己感到最快乐的事。（板书：写最快乐的事）

⑥要写的事选好之后，怎样把它写具体呢？引导学生再读例文，让学生明白可以学习例文的表达方法，运用各种修辞手法，从人物的动作、神态、语言、心理等方面来表达出内心的快乐。（板书：多种修辞手法相结合）

⑦你怎样描述这个乐园给你带来的快乐？

⑧其实作者的快乐之情在整篇文章中都有体现。教师出示文中的重点句，引导学生明白要用关键语句表达出喜爱之情。

⑨回顾课文《乡下人家》《天窗》的中心句，加深学生理解。（板书：写关键语句）

（9）初显身手：请你为自己在乐园里的活动写一个片段。教师出示习作评价表。

（10）教师巡视后展示学生习作并点评。

（三）结合板书总结

（1）总结本节课的写作要点。

（2）出示整篇习作的五星评价表，让学生了解评价标准，明确习作要达到的要求，为写作指明方向。

（四）布置作业

（1）把文章写完整。

（2）对照"我的乐园五星作文评价表"，修改自己的文章。

（3）与同桌交换修改，然后誊抄在作文本上。

（五）板书设计

我的乐园 {
样子　　按顺序写

活动 {
写最快乐的事
多种修辞手法相结合
}

感受　　写关键语句
}

五年级片段作文训练之心理活动描写

罗定市实验小学　邹金凤

【教学目标】

（1）了解心理活动描写在写作中的重要性，掌握一定的描写方法。

（2）在情境中真实体验心理变化，运用方法写一个片段，能真实、具体地写出心理的变化。

（3）评改提高，感受写作的快乐。

【教学重点】

指导学生真实感受，能在片段写作中真实、具体地写出内心的变化。

【教学难点】

写心理活动时，能做到用词准确，语言表达恰当。

【教学过程】

（一）导入新课

教师：这节课，我们就来学习心理活动描写。（板书：心理活动描写）

（二）学习新课

（1）出示片段一：当老师批改有错时（片段）。

"咱俩做得一模一样！"我接过考卷一看，两道题解法果然一样，但老师的批改结果却一个是"√"，一个是"×"。呀，我的答案的确不对，是老师看错了。

（2）学生自由读。

（3）出示片段二：用蓝色标注心理描写部分。

教师：这个片段也是写同一件事情，有什么不一样的地方呢？尤其注意蓝色的部分。

学生：蓝色部分是心理活动描写。

教师：刚才那位同学说加上心理活动描写，就更加完整具体。究竟怎么写才更加完整具体？我们来一句一句地读。

句一：我一面为自己"侥幸脱险"而暗自庆幸，一面又为同学发现了我的错题而忐忑不安。

指名读。

教师：哪两个词最好地表达了作者此时此刻的心情？

学生：暗自庆幸和忐忑不安。

教师：这就是描写"我"当时的心理状况。像这样描写内心活动的词用得——

［呈现批注：贴切用词（板书）］

教师：像这样描写心理状况的词还有吗？例如，说球赛的时候，非常高兴。

学生：兴高采烈、心花怒放。

教师：非常着急。

学生：心急火燎、心急如焚。

教师：像这样的词语很多。

（4）课件呈现一组描写心情的词。

心急如焚　心慌意乱　心神不定　悲痛欲绝
心惊胆战　悔恨交加　喜不自禁　喜出望外
提心吊胆　暴跳如雷　大失所望　心花怒放

（5）读词。

教师：这些词里，哪个字出现的频率最高？（心）

句二：我的心剧烈地跳动着，就像怀中有只淘气的兔子一样。

指名读。

教师：这一句跟刚才的描写方式一样吗？

学生：不一样。比喻句。把我的心比作淘气的兔子。

教师：是怎样的心呀？

学生：剧烈跳动的心像淘气的兔子。

教师：写心理活动不仅可以用比喻，还可以用哪些修辞手法？（拟人、夸张、排比、设问）

教师：这些都是修辞手法，描写心理活动运用最多的手法是夸张和比喻。（板书：恰当修辞）

（6）呈现。

"听了他的话，我一下从云端掉入深渊，失望极了。"

指名读。

教师：这一句用了什么修辞手法，写出了什么样的心理？（夸张、失望）

呈现：

"着急：我急得像_____。"

"开心：_____。"

指名说。

教师：这些方式都可以把心理活动描写得具体。

（呈现点红片段）下面一段话中描写心理活动的三处句子，指名分读。引导学生发现用了什么不同的方法。

抓住"要是""平时"。

学生：幻想、遐想。

教师：联想、想象。

教师：他想得合理吗？

教师：很自然地就想到老师的话，很自然地就想到平时，所以说他的想象很自然、很合理。（板书：合理想象）

教师：像这样的心理活动，我们学过的课文里还有很多呢！出示例句。

（7）再次聚焦片段二。

教师：这两段心理描写写出了"我"当时怎样的心理活动？用了哪些词？

学生：忐忑不安、暗自庆幸、害怕、后悔、冷静。

点红这些描写心理活动的词，课件箭头一个一个连接，形成曲线。

教师：这样一条曲线写出了什么？

学生：心理变化。

教师：怎样把变化表达出来，这是重点。这节课的重点我们不仅要学习写出心理变化，而且要注意——（指板书：贴切用词、恰当修辞、合理想象）

教师：今天老师初来乍到，想送一份见面礼给大家。（出示盒子）但礼物只有一份，谁能猜中这里面装的是什么，老师就把这份礼物送给大家。

教师：见到这个盒子，你怎么想？

学生：啊！这个盒子是送给我的吗？

教师：的确是送给大家的，不过送给大家的不是盒子，是盒子里的东西。

（猜猜盒子里是什么）

教师：刚才猜来猜去猜不着，现在心里怎么样？

学生：很想知道里面装的是什么。

教师：用一个词。

教师：这个时候心里的想法是不是跟刚才不一样了？这就是心理变化。

（揭晓答案。请一生上台）

教师：注意了，瞪大眼睛瞧。

（打开盒子——一个盒子—打开盒子——一个盒子—再打开——一朵玫瑰）

教师：我们先把刚才的心理变化写出来。

发作文纸。学生写。

（8）出示课件。

教师拿出了一个神秘的盒子！

（9）给出一组描写心理的词供学生选用。

（10）学生写作。

（11）交流，评讲习作。

（12）结课。点出：不是每篇文章、每件事都必须有那么多的心理变化，甚至不一定非得有心理活动描写。有时简洁的语言反而能使你的文章更加吸引人。所以，无论写什么，恰到好处才是最重要的。

（三）板书设计

心理活动描写

贴切用词

恰当修辞

合理想象

《乡村四月》教学实录

——人教版小学语文四年级下册课文

罗定市实验小学　邹金凤

【教材分析】

《乡村四月》是人教版小学语文教材四年级下册第六组《古诗词三首》中的一首古诗。诗人翁卷以白描手法描写了江南农村春末初夏时节的景象，既表现了诗人对乡村风光的热爱与欣赏，也表现了诗人对劳动生活、劳动人民的赞美。

本课教学是在农历四月进行的，春光美景还没有走远，很自然就能过渡到劳动创造美。这样衔接紧密能让学生始终处于美文之中，得到美的享受，感受到诗人对于大自然、劳动的热爱之情。学生在古诗的学习方法和学习经验上已有了一定的基础，此时学习《乡村四月》这首诗，能很快地进入情境，体会环境的优美和劳动的欢乐。四年级学生初步具备了借助注释了解诗意的能力，但只是流于字面的背诵。教师应该引导学生挖掘教材的深度，加深学生对诗句的理解、对意境的想象，并引导学生有感情地朗读，读出诗的节奏美、语言美、诗境美、诗情美。

古诗是民族精神、民族文化的重要载体，古诗本身又是一种独特的民族文化。古诗教学应该引领学生最大限度地走近这种文化，潜心学文，会心涵咏，熟读精思，切己体察，使这种文化滋养学生心智成长。所以，本节课强调学习方法的巩固、迁移，帮助学生掌握规律，形成能力，最终实现语文工具性与人文性的和谐统一。感悟古诗，不在诗句的字面意思，而在诗句背后的情味和意蕴。只有当平面的诗句通过学生的想象生成一幅幅鲜活的画面、一曲曲优美的旋律、一幕幕立体的场景时，学生才能投身其中，感诗人之所感，想诗人之所想，读出诗的节奏美、语言美、诗境美、诗情美。

【教学目标】

（1）知识与能力目标：正确读写生词"蚕桑"，有感情地朗读、背诵古诗。

（2）过程与方法目标：借助注释理解诗的大意，引导学生掌握学习古诗文的基本方法，培养阅读古诗的兴趣，养成课外主动积累的好习惯。

（3）情感态度与价值观目标：体会诗人对乡村风光的热爱与欣赏，对劳动生活、劳动人民的赞美。

【教学重难点】

（1）通过反复诵读、多元体验，引导学生感悟诗情。

（2）在学习古诗的过程中，强化学法和自学能力。

【教学过程】

（1）激趣导入。

① 同学们，今天老师第一次来给你们上课，心里很高兴，忍不住想唱一首歌给大家听，想听吗？（想）不过老师有两个要求：第一，请伸出你们的双手跟老师一起打拍子；第二，你们在听的时候要想一想老师歌词里唱的是哪个地方。（唱：走在乡间的小路上，暮归的老牛是我同伴，蓝天配朵夕阳在胸膛，缤纷的云彩是晚霞的衣裳……）你们听出了老师唱的是哪个地方吗？（板书：乡村）

② 同学们可能对乡村不是很熟悉，其实乡村一年四季都风景如画，尤其是四月的乡村景色更美，现在老师带大家去感受一下吧。（出示课件：乡村四月的照片并配乐）

（2）揭示课题，了解诗人。

① 刚才大家从图片中感受到了乡村四月之美，今天老师就带大家走进古

诗去感受乡村四月之美。请打开书翻到第21课《古诗词三首·乡村四月》，（宋）翁卷，教师同时板书。

② 同学们请齐读题目：《乡村四月》，（宋）翁卷。从题目中我们知道了古诗写的是哪个地方？（乡村）什么时候呢？（四月，这里指农历四月，即春末夏初的季节）所以，从题目中我们可以知道这首诗就是写乡村四月的景象。

③ 在学习这首古诗之前，让我们先来复习一下学习古诗的方法。在学习这首诗之前，我们会先怎么样？（教师指着诗歌题目引导）接着又会怎样？老师给大家总结了一下，请看：（出示课件）

解诗题、知诗人、多诵读、抓字眼、悟诗情、会背诵。指导学生齐读一次。

④ 刚才我们已经先了解诗题了，接下来我们再去了解一下诗人吧。

出示诗人翁卷资料，教师朗读。

（3）初读古诗，读通古诗。

① 下面就让我们走进翁卷这如画的诗中去。（出示全诗）请同学们自己朗读这首诗，要求读准字音、读通顺。好！现在开始。

② 哪个同学来读一读？

（刚才那个同学的声音真响亮，但有几个字读得还不够准确，出示"了""蚕桑"，注音并带读、板书，同时讲述"蚕桑"的意思——养蚕和种桑）

③ 下面请全班同学齐读一遍。

④ 其实诗歌跟音乐一样，也是有节奏、有韵律的。请同学们用"/"在书中画出朗读这首诗的节奏。

⑤ 提问两个学生的节奏划分，（现在请看屏幕，这是老师划分的节奏，看看你的是否一样，其实就是二二三的节奏）同时教师出示课件。

⑥ 谁先来按这个节奏试读一下？请你来评价一下他读得怎么样。老师相信你能读得更好，试一下吧！

⑦ 见你们读得那么好，老师也想来读一遍了，请大家认真听好老师的读音和节奏哦！教师范读。

⑧ 那现在就让我们一起按节奏来读一读吧！（教师与学生一起读）

⑨ 同学们，通过多次诵读，你们已经能把诗的字音和节奏读好了，那

么现在我们就要抓住诗中的字眼去了解诗的意思了。现在请看屏幕，下面请同学们在小组内按照学习提示（出示课件：学习提示）和以前学习古诗的方法，来认真研读古诗。

（同时出示课件）①你知道诗人翁卷在诗中描绘了哪些景物吗？（用"——"画出）还写了哪些人的活动？（用" ～～～ "画出）②结合注释，把诗句的意思说具体。

（教师强调，教生小组合作学习古诗，教师巡视）

⑩ 教师：刚才同学们学得真投入，谁能来汇报你们的学习结果？哪位同学来说说诗中描写了哪些景物？（出示景物红字）哪位同学来说说诗中描写了哪些人的活动？（出示人活动红字）读了这么多次，能结合注释说出诗的意思吗？

（4）品读诗句，感受美景。

过渡：这山原、这川、这子规和这雨，构成了乡村四月一道亮丽的风景线！请亮出你的嗓子，好好地来读一遍这两句。（出示一、二两句）

① 读着读着，你能看到诗中写了哪两种鲜亮的颜色吗？（"绿"和"白"）

② 绿的是什么呢？（山原）什么是"山原"？（山陵和原野）（教师于黑板上画山陵与原野图）山原仅仅是一处绿色吗？（不是）你是从哪个字看出来的？（遍）不错！"遍"就是遍地、到处的意思。（教师把所有山原都涂上绿色，然后出示"绿遍山原"的对应图片）

③指导品读：遍、满。（方法：抓诗眼）

读到"绿遍山原"这个词，你脑海里仿佛出现了怎样的画面？"绿"的颜色只有一种吗？（嫩绿的、深绿的、淡绿的……）这样的绿在乡村的哪里可以见到？

教师引导：村庄的周围，满是树……村子前面，是一口池塘，那池水……水上有一群白鹅……池塘旁边，有一大片草地……极目远望，映入眼帘的是连绵的山……

教师：这就是古诗词的魅力，一个"遍"字就把四月乡村那绿的世界展现在我们的眼前。把这优美的画面通过你的诵读表达出来吧！

④除了满世界的绿，你还看到了什么？（白满川）

⑤ 白的又是什么呢？（川）"川"是什么意思呢？（平地，指稻田）稻田也仅仅是一处白色吗？（不是）你又是从哪个字看出来的？（满）不错！"满"就是布满、全部的意思。（教师出示"白满川"的对应图片并解说造成"白满川"的原因）

在江南乡村的四月，这样的绿山、白水往往都笼罩在蒙蒙细雨之中。这蒙蒙细雨看起来像什么呢？

⑥ "雨如烟"是什么感觉？（看图片）

⑦ 烟的特点是很轻的，所以我们在读的时候也应该读轻声。（学生读该句）

⑧ 乡村这样的美，把鸟儿（子规）也吸引来了。（播放子规声）同学们，美景当前，让我们也美美地读一读这两句诗吧！"绿遍山原白满川，子规声里雨如烟。"（板书：景美）

⑨ 老师想请一个同学试着说说这两句诗的意思。（出示诗意并让学生齐读）

（5）品读诗句，感受人勤。

过渡：乡村的景色是如此美，但老师觉得更美的还是生活在这里的人，因为他们勤劳哇！四月里，乡村里的人都忙什么了呢？（蚕桑和插田）

① 提问：有同学见过养蚕吗？没有的话，那老师现在就带大家去看一看吧！（有则让其讲体会，无则教师图片展示养蚕过程，突出人们的繁忙辛苦）采桑、给桑、"上山"、收茧。

② 提问：他们忙完了"蚕桑"就算了吗？（不是）那还要忙什么？（插田）有插过田的同学说说感受。

③ 出示插田图片讲解。老师就曾插过田，这种面朝黄土背朝天的工作让我感受到了两个字——辛苦！因此，此时我也想到了李绅的两句诗——谁知盘中餐，粒粒皆辛苦。所以，我们要爱惜粮食呀！

④ 你看，乡里人家，刚忙完蚕桑，又要插田了。如此繁忙的两个场景，诗人仅用了三个字就串联起来了，是哪三个字呢？（才了……又……）谁来说说"才了"的意思？（接着讲解"才了"的意思）这样繁忙的四月，难怪诗人会说"乡村四月闲人少"了。（板书：人勤）就让我们一起从读中感受人们的勤劳吧！（师生齐读这两句诗）

⑤ 谁能说说这两句诗的意思吗？（出示诗意并让学生齐读）

⑥ 是啊，这乡村四月既是绝美的山水画，又是勤劳的农忙图！走进这四月的乡村，就如同走进了一幅连续不断的画卷。读全诗。

（6）总结诗意，升华感情。

你看，这样美的乡村，这么勤劳的人们，组成了一个美丽的乡村四月。从中我们可以感受到诗人对乡村的景物有一种怎样的感情呢？（热爱）对勤劳的人们又是怎样的感情呢？（赞美）（教师板书）

① 就让我们怀着这种热爱和赞美之情来读读这首诗吧！（配乐朗读，教师带读）

② 其实，朗读诗歌还有很多形式，如可以用快板的形式来读。（教师范读，然后指导学生读）

教师：古诗不光可以读，还可以唱。听过吗？今天老师就给大家带来了一曲《乡村四月》。

（课件播放《乡村四月》歌曲，与学生共同唱古诗）

③ 教师：大家唱得真不错！如果你们感兴趣，可以用你熟悉的曲调去唱你喜欢的古诗。

④ 读了这么多遍，我相信有同学都能背下来了，谁来试试呢？（提问学生或全班齐背）

（7）总结学习古诗的方法及本节课的学习内容。

（8）提升延伸。

其实，诗人翁卷描写乡村美景的诗还有很多，现在老师就给大家找到了一首《野望》，请同学们来读一读吧！课后请同学们用我们刚才总结的学习古诗的方法去学习这首诗吧！

（9）布置作业。

收集描写乡村四月景色的古诗，并与同学交流。

（10）板书设计。

乡村四月

（宋）翁卷

山原　川　┐
子规　雨　┘景美　┐
　　　　　　　　┝热爱
蚕桑　插田　┐人勤　┘赞美
才了……又……┘

"学写对话"教学实录

——四年级上册片段习作指导课

罗定市实验小学　邹金凤

【教学目标】

（1）训练学生在习作中正确使用标点符号。

（2）让学生初步学会一些描写人物对话的好方法，并能够尝试运用。

（3）激发学生的写作兴趣，引导学生用学到的方法写下自己的所见所闻。

（4）培养学生认真倾听别人说话，能够给别人的作文进行评价的好习惯。

【教学重点难点】

重点：让学生初步学会一些描写人物对话的好的方法和技巧。

难点：学生把学到的描写对话的方法运用到自己的习作之中。

【教学准备】

教师准备课件，学生准备写作的草稿本。

【教学过程】

课前交流。

教师：同学们，今天老师第一次跟大家见面，想向大家打听几个人，好吗？

学生：好哇！

教师：那你们可要实话实说，知道就说知道，不知道就说不知道。知不知道蔡廷锴？知不知道周杰伦？知不知道……

学生：知道！

教师：知不知道邹金凤？

学生：知道，邹金凤就是你。

教师：你怎么知道的？你真的有一双会发现的慧眼哪，能从屏幕上知道我是谁了。那么现在就让我隆重地向大家介绍一下我自己吧！（出示课件）有句歌词是这样的：借我借我一双慧眼吧，让我把这纷扰看得清清楚楚、明明白白、真真切切。（此处有掌声）谢谢同学们！这节课老师希望大家带着一双慧眼去发现问题，用手中的笔去表达心里所想，和老师一起去上好这节课，好吗？

（1）谈话激趣导入。

教师：同学们，课前我们进行了一次交流，交流得非常愉快，这种交流也可以说是对话。其实对话在我们身边无处不在，课堂上，老师和同学们进行对话；下课了，同学和同学进行对话；回到家，我们和父母进行对话。精彩的对话不仅可以加强人与人之间的沟通交流，还可以让我们的习作更生动形象。今天这节课我们就来学写对话。（板书课题：学写对话）

（2）学习新课。

出示课件。

"请各位同学做好课前准备，准备上课了！""我已做好课前准备！""同学们，快要上课了，准备好了吗？""准备好了！""同学们真精神！那我们就上课吧！""老师好！""同学们好，请坐！"

教师：同学们，看看幻灯片上面的话，你有什么发现吗？

学生：这是我们刚才上课前的对话。

教师：对，你真是个心明眼亮的孩子！不过你觉得如果我们平时写对话这样写够清楚吗？

学生：不清楚，这样写就分不清谁说的话，会混淆在一起的。

教师：那怎样才能划分清楚呢？

学生：给对话分段。

出示课件。

"请各位同学做好课前准备，准备上课了！"

"我已做好课前准备！"

"同学们，快要上课了，准备好了吗？"

"准备好了！"

"同学们真精神！那我们就上课吧！"

"老师好！"

"同学们好，请坐！"

师生总结好处：这样写对话能使文章显得非常清晰，看上去非常舒服，眼睛不易疲劳。不过，在分段的时候，我们一定要做到合理分段，不能把句子的意思硬生生地截断了。（板书：合理分段）

教师：请同学们再观察一下这段对话，你觉得应该再加上什么才能够让读者看得更清晰、更明白呢？

学生：加上是谁说的。

教学出示课件。

班长说："请各位同学做好课前准备，准备上课了！"

同学们说："我已做好课前准备！"

邹老师说："同学们，快要上课了，准备好了吗？"

同学们说："准备好了！"

邹老师说："同学们真精神！那我们就上课吧！"

同学们说："老师好！"

邹老师说："同学们好，请坐！"

师生总结并板书：提示语。

教师出示幻灯片：提示语是指对话中除人物说的话之外的提示说明性的文字。加上了提示语之后，我们就可以清楚地知道这些话是谁说的了。不过在一些特殊情况中，对话是不需要提示语的，这种情况我们以后再讲。

引导学生发现丰富提示语的技巧。

教师：上面这段话里的提示语中有哪个字是相同的？

学生：所有的提示语都用了"说"字，这样就显得很单调、很呆板了。

教师：孩子们真是火眼金睛啊！写作文要讲究用词，同是表达"说"

这个意思，在不同的情况下，用词也不同。请想想你还可以用什么词来代替"说"字？说来听听，如一个字的、两个字的、四个字的。

学生汇报：问、叫、喊、闹、骂、道、嘟囔、呢喃等。

教师：（课件出示常用的表示"说"的意思的词语）请同学们小声读读上面的词语，看看有哪个是你没见过的。

现在老师也给上面这段话的"说"字变了个身（出示课件）。

班长喊道："请各位同学做好课前准备，准备上课了！"

同学们回答："我已做好课前准备！"

邹老师问："同学们，快要上课了，准备好了吗？"

同学们说："准备好了！"

邹老师夸赞道："同学们真精神！那我们就上课吧！"

同学们齐呼："老师好！"

邹老师回礼："同学们好，请坐！"

给"说"字变了身之后，我们的用词就丰富了，文字就更灵活了。

师总结板书并出示课件：给"说"变身。

课件出示课文例句。

教师：同学们有没有发现我们课文的例句不但给"说"变了身，提示语的位置还发生了什么变化呢？

学生：提示语的位置可以在前，可以在后，可以在中间。

教师：你真是个善于发现的孩子！其实提示语的位置一般有三种，可以分别放在说话内容的前面、中间和后面。这些情况在我们的课文中经常出现。

课件出示课文例句。

现在老师也给这段话的提示语变换一下位置吧！（出示幻灯片）

班长喊道："请各位同学做好课前准备，准备上课了！"

"我已做好课前准备！"同学们回答。

邹老师问："同学们，快要上课了，准备好了吗？"

"准备好了！"同学们说。

"同学们真精神！"邹老师夸赞道，"那我们就上课吧！"

同学们齐呼："老师好！"

"同学们好，请坐！"邹老师回礼。

教师：提示语的位置变化后，能够有效地突出对话的重点，更好地配合人物的语言，推动故事情节发展，使人物形象更加丰满。所以，请你记住，提示语的位置可以根据需要，由你做主。（板书：变换位置）

教师：现在，我们已经给刚才那段单调的对话来了个大变身，但老师觉得还是不够满意，觉得它还可以再来一个华丽变身，变得更丰富、更精彩。谁来试试？请运用我们从低年级开始就学习过的扩句的方法，选择你喜欢的一个句子给提示语加上修饰的词语，进行扩句。

学生汇报。

教师：你的改变太有价值了！老师也给这段话的提示语增加了一些词语，大家一起来看看吧。

出示幻灯片。

班长一边挥手，一边大声喊道："请各位同学做好课前准备，准备上课了！"

"我已做好课前准备！"同学们都把手摆放在桌子上，坐得端端正正地回答。

邹老师缓缓地走到讲台前，扫视了一遍全班同学，微笑着问："同学们，快要上课了，准备好了吗？"

"准备好了！"同学们个个都精神抖擞，异口同声地说。

"同学们真精神！"邹老师高兴地竖起大拇指夸赞道，"那我们就上课吧！"

同学们齐刷刷地站起来鞠了个躬，然后齐呼："老师好！"

"同学们好，请坐！"邹老师轻轻地点头回礼。

教师：同学们，你们发现老师给提示语加上了人物的哪些描写呢？

学生汇报后板书（加入动作、神态、心理）。

总结：提示语里加入说话人的动作、神态、心理活动等，让我们既听到了他们说话的内容和语气，又看到了他们说话时的样子。读者凭借提示语可以想象出人物的各种情态，体会人物复杂的思想感情和性格特点，真的能做到如观其人、如闻其声、如临其境了。你看，这就是我们汉语的博大精深和魅力所在呀！

请同学们再仔细观察，除了提示语的变化之外，标点符号也相应地发生了什么变化？我们接着观察。

学生汇报。

教师：同学们真棒，都有一双会发现的慧眼！

出示幻灯片，标点符号用红色标注。

班长喊道："请各位同学做好课前准备，准备上课了！"

"我已做好课前准备！"同学们回答。

邹老师问："同学们，快要上课了，准备好了吗？"

"准备好了！"同学们说。

"同学们真精神！"邹老师夸赞道，"那我们就上课吧！"

同学们齐呼："老师好！"

"同学们好，请坐！"邹老师回礼。

师引导学生观察提示语位置的变化引起标点符号的变化并总结：你们真不简单。虽然标点符号并不起眼，但是也要引起我们的重视，注意根据提示语位置的变化而变化。当提示语在前，用冒号；当提示语在中间，用逗号；当提示语在后，用句号。（板书：变化标点）所以，文章中如果有人物对话，提示语的位置就要有变化。提示语的位置变了，标点符号也要随之而变。请听老师给大家编的这几句话。（生齐读课件上出示的内容）

课件出示：

提示语在话之前，后面紧跟一冒号；

提示语在话当中，逗号紧紧把它随；

提示语在话之后，句号后面来结束。

（3）对比总结。

课件出示两个文段，师引导学生对比，强化写作方法。

① "请各位同学做好课前准备，准备上课了！""我已做好课前准备！""同学们，快要上课了，准备好了吗？""准备好了！""同学们真精神！那我们就上课吧！""老师好！""同学们好，请坐！"

② 班长一边挥手，一边大声喊道："请各位同学做好课前准备，准备上课了！"

"我已做好课前准备！"同学们都把手摆放在桌子上，坐得端端正正的，齐声回答。

邹老师缓缓地走到讲台前，扫视了一遍全班同学，微笑着问："同学们，快要上课了，准备好了吗？"

"准备好了！"同学们个个都精神抖擞，异口同声地说。

"同学们真精神！"邹老师高兴地竖起大拇指夸赞道，"那我们就上课吧！"

同学们齐刷刷地站起来鞠了个躬，然后齐呼："老师好！"

"同学们好，请坐！"邹老师轻轻地点头回礼。

教师：同学们，你们看，只要留心观察生活，大胆地想象，从各个不同的角度来丰富提示语，在提示语中加入人物的动作、神态、心理等描写，既可以使我们的对话更加精彩，也可以使我们的作文更加生动。

（4）实践应用写作。

课件出示：

根据情境，写一写对话片段。

组长催我交作业。

开头：组长向我走来了……

（5）学生汇报，并互相点评。

（6）出示佳作欣赏。

（7）总结交流。

（8）板书设计。

学写对话

1. 合理分段

2. 提示语 {
给"说"变身
变换位置
加上动作、神态、心理
}

3. 变化标点